人類にとって「推し」とは何なのか、

イケメン俳優オタクの僕が本気出して考えてみた

横川良明
Yoshiaki Yokogawa

サンマーク出版

はじめに

30代になるかならないかの頃、とにかく僕は人生に絶望していた。誰かを好きになっても、その誰かからはまったく好きになってもらえない。孤独で、みじめで、不安な毎日。

子どもの頃、思い描いていた30代はとにかく大人で。結婚して、子どももいて、春日部あたりに一軒家なんて買っちゃってる、そういうイメージだったはずなのに、現実は結婚どころか恋愛すらもままならず、相変わらず2か月に1回は家の鍵を失くして玄関の前で立ち往生する体《てい》たらく。まるで成長していないって、スラムダンクの安《あん》西《ざい》先生も汗かいてる。

仕事も仕事で、フリーランスのライターになって何年かが経ち、生活には困らないものの、やりたい案件に携われているわけでもなく、次々と記事をバズらせたり、誰もが羨む有名人に取材している同業者のアカウントを見ては、明日階段からすっ転びますようにと画面の向こうに呪いをかけていた。

友達と会っても、なんだかうまく会話が運ばない。「最近どうしてる？」と聞かれても、答えようがないのだ。日々は仕事で埋め尽くされ、毎日がただ流れるように過ぎていく。たぶん1日1日を細かく見ていったら、それなりに笑ったりおもしろかった出来事もあったりしたんだろうけど、そういう小さなエピソードもすべて時間という名の洪水が押し流し、ほんの1週間前の土日に自分が何をしていたのかさえ思い出せない暮らし。

死にたくなるほど嫌なことがあるわけじゃない。だけど、死んでもいいほど楽しいこともない。のんべんだらりと続く人生。もう自分には、身体の内側がぎゅっとなって、息切れしそうなくらい感情が昂《たか》ぶって、瞼《まぶた》がヒリヒリするような熱い涙を流す、そういう青春みたいな出来事は二度と起こらないんだろうな、と『熱闘甲子園』を観ながら遠い気持ちになっていた。何かにがむしゃらになったり、夢中になったり、そんなのは若者たちだけの特権なんだとあきらめていた。

ところが、2020年夏。37歳になった僕は、テレビ画面の前で高校球児のようにピュアな涙を流していた。理由は、最近ドハマりしているタイのドラマのせい。少女漫画のように一途《いちず》に恋をする男の子たちの恋愛模様に、僕はまるで初めて『天使なんかじゃない』を読んだときのように胸を高鳴らせ、身悶《みもだ》えしていた。

そうこうしているうちに、ある人気舞台の新作が発表された。そこには自分が贔屓《ひいき》にしている俳優の名が。それを見て、**人生で初めて思わず「驚天動地！」と口にした。**スマホには同じ舞台好きの友達からお祝いのＬＩＮＥが続々と届く。すぐさまGoogleカレンダーに公演期間をメモり、「ここまでは死ねない」と、偏りまくっていた食生活を見直すことを決意。万全の状態で本番の日を迎えるために、ひとまず糖質制限とやらを始めてみることにした。

そんな感じで、すっかり今の僕は毎日が忙しくて楽しい。ステータス自体は30代の初めから何も変わっていない。結婚していなければ子どももいないし、家は相変わらず借家のまま。むしろ年齢を重ねた分、どんどん深刻さの方は増している。

にもかかわらず、あの頃感じていた虚無感や閉塞感はすっかり消え失せてしまった。むしろ**感情がめまぐるしく動いていて、ぼんやりしている時間がない**。まるで10代のように泣いたり笑ったりドキドキワクワクしている。

それもすべて「推《お》し」ができたから。僕の「推し」は、見目麗しき若手俳優たち。最初はあるひとりの俳優さんに特別な感情を寄せていたはずが、次から次へと「推し」が増え、気づけば国境を越え、タイランドにまで「推し」ができていた。

おかげで「推し」を追うだけで日々が大忙し。同業ライターのアカウントをいちいちチェックして嫉妬にかられている暇なんてないし、時間ができれば気の合う友達と落ち合って、推しを肴に祝杯をあげる方がよっぽどハッピー。

それまでまったく縁のなかった「オタク」という生き方に足を踏み入れて早6年。今やすっかり気合いの入った若手俳優オタクと化しました。そして今この世の中には、僕だけでなく「推し」と出会ったことで人生が変わった「オタク」たちがたくさんいます。

この本は、そんな「推し」と出会ったことで人生が劇的に楽しくなったどこにでもいるごく普通のオタクが、「推し」のいる生活の喜びやちょっとした暗部を語りつつ、誰に頼まれてもいないのに、「推し」とは何なのかを考える勝手極まりない本です。

これを読んだところで決して営業の成績は上がりませんし、四十肩も治りません。生きるうえでは何の役にも立たない本です。

だけど、同じように**「推し」と出会ったことで気持ちの持っていき方がわからなくなるくらいにメンタルを取り乱されたり、ずっと背負っていた荷物を下ろして心も体も軽くなった人**にとっては「わかる〜〜〜」と思ってもらえるような、そんな本になっている気がします。

そして、かつての僕のように、**なんだかうまく笑えなくなってしまったり、何かに夢中になりたいのに、その何かを見つけられない人にとっては、背中を押してあげるほどの力はなくとも、ほんの少しだけ目線を上げられる**本になっていたらいいな、と思います。

僕たちの心を狂わす「推し」とはいったい何なのか。

それでは、すべての「推し」と呼ばれる人たちと、「オタク」を名乗る人たちに愛と敬意を込めて、幕を上げさせていただきます。最後までごゆっくりお楽しみください。

はじめに

CHAPTER 1

推しとはいったい、何なのか？

CHAPTER

2

オタクは不毛。だが、それがいい

CHAPTER

3

オタクのクライシス

CHAPTER

4

それでも来世もオタクに生まれたい

CHAPTER 1

推しとはいったい、何なのか？

CHAPTER 1

「推す」とは何か

今、みんな誰かを推したがっている

いつからでしょうか。応援している対象のことを、人は**「推し」**と呼ぶようになりました。もともとはアイドルグループなどで自分のイチオシのメンバーを「推しメン」と称することから始まったこの「推し」という言葉。古くはモーニング娘。の頃から使われているという説もありますが、一般的には2000年代中盤から後半にかけて、AKB48グループの台頭と共に市民権を得るようになりました。

当初はアイドル界隈のみで使われるスラング的な意味合いだったものが、その使いやすさ呼びやすさから、多ジャンルへ爆発的に浸透。**今や「推し」は現代用語としてすっかり定着した感があります。**

みなさんには推しがいますか？　こんな本を買っているぐらいですから、きっといらっしゃいますよね。推しって本当に最高じゃないですか？　あんなにかわいくって、眺めているだけで癒されて、そのくせふとしたときにドキッとするような色気を見せて、舌をぺろっと出すだけで5億円くらいの経済効果がある（適当）。

たとえば推しがいるだけで、心は強くなれるし、何より大切なものに気づかせてくれるのです、True Heart。

今までだっていろんな芸能人の方がいて、それぞれにたくさんのファンがいました。にもかかわらず、**なぜ今こんなにも「推し」という概念が脚光を浴びているのか**。その理由は、この「推し」という単語そのものに隠されている気がします。

そもそもなぜ「応援する」ではなく「推す」なのか。まず「応援する」と「推す」の違いから考えてみましょう。

「応援」とは読んで字のごとく「援《たす》ける者」と「応える者」、この二者によって成立しています。一方、「推す」とはつまり「推薦する」こと。この「推し」という言葉には、ファンと芸能人の二者にとどまらず「推薦される」第三者の存在が含まれています。単に対象に声援を送っているだけなら「応援する」で事足りる。第三者に推しの良さを語り、あわよくば好きになってもらいたい。この布教精神が、自己完結型の**「応援」とは異なる熱狂**を生んでいるのです。

「共感」から広がる推し文化

では、なぜこんなにも僕たちは好きな人のことを第三者に広めたいのか。それはもちろん推しのことを知っている人を増やしたいというファン心理もあるでしょう。が、もっとシンプルに言うと、**好きな人や好きなものについて話すのは、それだけでめちゃくちゃ楽しいことだからです。**

自分は誰が好きで、その人のどんなところが素敵なのか。言葉にするだけでドキドキするし、聞いている方もアドレナリンがガンガン出る。修学旅行の夜の告白タイムと同じです。「よし子、杉崎くんのことが好きなんだって」とクラスメイトの恋愛模様を聞いたときの、胸から立ちのぼる甘酸っぱい気持ち。**いくつになっても僕たちは、**

こと好きな人やものに関しては、布団をかぶって声をひそめて友達同士こっそり打ち明け合った10代の頃と何も変わらないのです。

インターネットやSNSが発達し、自分の意思とは関係なく人の不満、愚痴、陰口などを浴びせられることが多くなった現代社会。知らず知らずのうちにネガティブな感情に汚染されることがあります。あまりにも否定的な言葉に侵食されると、毒素がたまって、身も心も重くなりがち。

そんな中で、**好きなものを語ること。愛のある言葉にふれること。それは、悪意と嫉妬とマウントが充満する現代社会における最高のデトックス。**ネガティブな感情に対抗する最も有効な手段が、好きの「共感」です。同じ想いを持つ者同士、「共感」し合うことで、僕たちは胸の内にある愛をさらに膨らませているのです。

特にSNSが定着して以降、シェアする／されるという行為が、僕たちの日常で当たり前のものになったのも大きいと思います。単に推しを愛でて終わりではなく、その愛を他の人と共有する。そんな「共感」というつながりの形成が、今日の推し文化の発展に多大な影響を与えました。

生きている実感を得にくい時代だからこそ、推しが必要

さらに「推し」という言葉には、他者に語り広める「布教」のニュアンスのみならず、推しに貢ぐことで、第三者にこの人は数字を持っていると認識させ、推しの芸能活動を支える「献身」の要素も多分に含まれています。この「献身」もまた今日《こんにち》の推し文化を語るうえで欠かせないキーワードのひとつ。

ぶっちゃけ、僕たちは誰かの役に立ちたいのです。普通に生きていても、人の役に立てている実感を得られることは稀《まれ》。

もちろん仕事をしていれば、何かしら社会に貢献しているでしょうし、家庭のある人は何らかのかたちで家族に貢献を果たしています。が、それを確かな実感として得られることが頻繁にあるかと言えば、そうでもないのが悲しい現実。ありがとうなんて言われることは滅多にないですし、奉仕したところでちっとも報われた気がしない。

自分はなんでここにいるんだろう。誰が必要としてくれるんだろう。そんな寂しさや徒労感がいつも胸の奥底にひそんでいる。だからこそ、推しの「数字」になることで、わかりやすく自分の存在意義を確認できるのが、推し活の喜びのひとつでもあります。

これだけ通った。これだけ課金した。お布施を払えば払うほど、確かにいろんな特典はついてきます。**でも、そんな見返りよりも、そうやって推しが売れていくことで、推しの夢が叶う方がうれしい。**いつか推しが大きくなったとき、その山あり谷ありの道のりのどこかに、自分というタイルが埋まっていて、少なからず推しが今立っているその場所の礎《いしずえ》になっているなら、それだけで自分という人間がいた意味を感じられる。生きる理由を感じにくくなった現代社会で、推しは自分の居場所を与えてくれる存在。だから、みんな誰かを推したくてしょうがないのです。

これが戦国時代とかだったら、そんな甘いことは言ってらんねえ。四の五の言ってねえで敵の首取ってこい。でなきゃ、こっちが討ち死にだという世界です。生きる理由とか探してられない。

けれど、ありがたいことに、今の僕たちの日常は細々《こまごま》とした問題はあれど、桶狭間に放り込まれた雑兵《ぞうひょう》のように、生きるか死ぬかの切迫感はほぼなくて。信長《のぶなが》ですら人間50年とか言ってるのに、こちとら人生100年時代です。そういう何もしなくても普通に生きのびてしまうことの多い成熟社会で正気を保って生きていくには、何かしら自分の価値を認識できないと無理。それがなかなか日々の生活では感じられないからこそ、**自分はここにいるんだ、ここにいていいんだと思わせてくれる存在として、推しは求められている気がします。**

かく言う僕も、「推し」ができたことで、人生が変わったひとり。まずは僕自身の「推し」との出会いを語りながら、この深くて底の見えない「推し」という沼にあるものは何なのかを探っていきたいと思います。

CHAPTER 1

「推す」と「好き」の違い

初めて推しと出会った日

ある作品や人にハマることを、オタクたちは**「沼に落ちる」**と言います。そこからジャンルそのものを「沼」と呼ぶようになったのですが、僕はどこの沼の住人かというと**若手俳優沼**。お芝居というはっきりとした正解のない世界で一途に情熱を燃やしている若手俳優に心揺さぶられながら毎日楽しく生きています。

基本、若手の俳優なので、だいたいみんな顔がいいです。

一応、常日頃から「顔だけで好きなわけじゃないから！　推しのお芝居が好きだから！」とヒモに貢いでしまう人のような弁解を繰り返していますが、ぶっちゃけ入り口は顔です。推しがこの顔じゃなかったらそもそも目がいってたかわからないですし、あの胴体の上にあの顔以外の顔が乗っかってる推しとか想像がつかない。お顔あっての推しであることは、あんまり大きな声では言えませんが、事実です。

そこでよくされるのが、「なぜあなたは男なのに、(同じ男である）イケメンが好きなの？」という質問です。もうこれ30回くらいは聞かれてる。若手俳優がインタビューで「好きなタイプは？」と聞かれるのと同じくらい聞かれまくってる。なので、年々回答がシャープに研ぎ澄まされているのですが、要は**「美しいものを見るのが好き」**なのです。

春になれば桜が咲き、冬になれば一面銀世界になる。そんな四季の移ろいに感動するのと同じ。オーロラを見て美しいと思うのに性別は関係ないように、男の僕が顔のいい男を見て美しいと思うこともこれまた自然の理です。

遍歴を遡ってみると、確かに昔からイケメンと呼ばれる人たちが好きでした。というのも、僕は末っ子長男姉2人という家族構成。小さい頃から自然と2人の姉が買ってくるもののご相伴にあずかるのが習慣になっていました。

主に摂取していたのは『りぼん』と『なかよし』。少女漫画生まれ少女漫画育ち、初恋の人は『姫ちゃんのリボン』の小林大地《こばやしだいち》という幼年時代でした。

ただ、当時は小林大地を見て「推し」という感覚は持っていなかったと思います。ピンチになったら駆けつけてくれる大地にキャッキャし、日比野《ひびの》さんの姿から戻れなくなった姫ちゃんに対し「野々原《ののはら》だよ!! どんな姿でも!!」と力強く励ます大地を見て、鼻先がツンとしたぐらい。あくまでゆる〜く大地のことを「好き」とときめいていただけです。

この人のために何かしたいと思ったら、それは推しの始まり

そこから3次元へと興味が移ったきっかけは、香取慎吾《かとりしんご》さんでした。ちょうど当時、上の姉がKinKi Kids、2番目の姉がSMAPにハマっていたのもあり、我が家は今で言うジャニーズ沼状態に。壁にはKinKi KidsとSMAPのポスターが貼られ、発売日になったら新しいドル誌（アイドル誌）が届くのが当たり前の生活。我が家にある紙媒体といえば、毎日新聞、Myojo、Duetでした。

なので、ジャニーズというものに対して偏見や抵抗がなかったのも大きかったでしょう。沼に落ちたきっかけは、ドラマ『For You』。香取さんが演じたのは、「チュウ先生」と子どもたちから親しまれる保育園の先生。180㎝超の大きな体にエプロン姿がかわいくて、萌えという感情の発芽をあのとき初めて知りました。

そこからジャニオタの姉を持つ僕はその血筋を証明するように香取慎吾さんにハマり、『沙《さ》粧《しょう》妙《たえ》子《こ》－最後の事件－』『未成年』『透明人間』『ドク』など出演ドラマは必ずチェックし、VHSに大事に録画。もう話の内容なんて完璧に頭に入ってるのに、暇さえあれば何度となく香取さんのドラマを観て幸せな気持ちを噛みしめていました。

ですが次第に、**ただ観ているだけでは、膨らみ続ける好きという感情とのバランスが取れなくなってくる。**この人のために何かしたい。体の中でパンクしそうになっている昂ぶりを吐き出す場所がほしい。

今なら「現場に行け！」とすかさずジャニーズファミリークラブのURLを送ってあげるのですが、何せ当時はまだ小学生。自分で自由にできるお金などスズメの涙ほど。とてもじゃないけど、コンサートなんて手が届きません。

そこで僕がとった行動が、当時香取慎吾さんがＣＭキャラクターを務めていた『カンフー』を買いあさることでした。

この『カンフー』、サントリーから出ていた飲料水なのですが、たぶん名前を聞いてもピンと来ない人がほとんどだと思います。なぜなら、めちゃくちゃマズかったから。シンプルに言って、風邪薬を炭酸で割ったみたいな味だった。商品開発チームのみなさんが精魂込めてつくったものをこき下ろすのは主義ではないのですが、もう20年以上前の商品なので時効だと思って言わせてください。どういうマーケティングとリサーチを繰り返した結果、あの味が世に出ることになったんや？

けれど、こちらとしては大事な推しがＣＭをやっている商品。**推しのスポンサーは、オタクにとってもスポンサーです**。間違っても文句は言っちゃいけないし、推しがＣＭに出たことで数字が伸びたという実績をつくりたい。その一心で、ひたすら『カンフー』を買い続ける日々。

たまに親の機嫌がいいと、「これで好きなもん買ってき〜」とジュース代を出してくれるのですが、そんなときは決まって『カンフー』を買っていました。そのため、親もすっかり僕が『カンフー』の味が好みなんだと思い込み、「変な味が好きなんやな～」と首を傾げていましたが、25年来の誤解を今この場で解かせてください。**僕が好きだったのは、『カンフー』ではなく香取慎吾さんです!!**

良くも悪くもこのとき初めて覚えた、**好きな人のために何かしたい、好きな人の数字になりたいという感情が、推しの原点だった**気がします。

ちなみに『カンフー』は発売から1年足らずで生産終了となりました。そやろね。

CHAPTER 1

そして、沼落ちへ

あの瞬間、推しがイエス・キリストに見えた

香取慎吾さんとの出会いにより、はからずも生まれて初めて「推す」という概念を知ったローティーンの僕。ですが、まだ推しという言葉もメジャーではなかったですし、諸般の事情から僕自身が「イケメンが好き」という感情から撤退することとなり、その気持ちは自然とフェードアウトしました。それ以降も「芸能人が好き」というミーハー精神は持ちつつも、特定の誰かに対して我を忘れてのめり込むことからは無縁の生活を送っていました。

だがしかし、人生はある日突然その色を変える。僕を業《ごう》の深いオタクという生き方へ引きずり込んだのは、あるひとりの俳優との出会いでした。それが、松田凌《まつだりょう》さん。

ミュージカル『薄桜鬼《はくおうき》〜斎藤一《さいとうはじめ》編〜』で主演デビューを果たし、舞台を中心に活躍される若手俳優です。

ご存じない方はここで1回手をとめて、お手元のスマホで「松田凌」とググってほしい。もうとにかくこの顔がめちゃくちゃ好き。顔が好みすぎて、**松田凌を産んでくれたご両親への謝意だけではとどまらず、アダムとイヴの時代から今日に至るまで、様々な戦乱や飢饉や天災の数々を乗り越え、松田凌のDNAが脈々と受け継がれてきた奇跡に感謝したい。**

凛々《りり》しい目も高い鼻筋も目と眉の距離感もちょっと挑発的な唇も全部好き。もはやこの顔をしているから松田凌のことが好きなのか、松田凌の顔だからこの顔を見ているだけで幸せになれるのか、さっぱりわからない。コロンブスの卵の解を見つけるべく延々考えていたらいつの間にか朝になっていたという人生でいちばん無駄な夜更かしをしたレベルです。

ただ、**こんなに「顔」と連呼している人間が言っても何の説得力もないのですが、沼落ちの決め手は顔ではありませんでした。**実際、沼に落ちる前から今人気の若手俳優のひとりという認識でよく知っていたし、なんなら仕事で直接お話を聞く機会もあった。だけどそのたびに「顔がいい」とは思いながらも「推したい」とは思っていなかったのです。

それが、『メサイア ―翡翠ノ章―』という舞台を観たときに、すべてが変わった。自分の命と引き換えにして板の上で役として生きる彼の輝きに、黒々とした僕の心が浄化されたような気持ちになったのです。舞台上で光っている彼を見て、「降臨！」と思った。咄嗟に浮かんできたのは、イエス・キリストの『復活』という宗教画。十字架に磔《はりつけ》にされて息絶えたイエスが後光を背負って蘇る例のアレ。あの瞬間なら「どうも、イエスです」と松田凌に言われても「知ってた！」って答えてたと思う。それくらい、天啓に近い何かを受けた。

推しのブロマイドは掘っても掘っても出てくる油田みたいなもの

以来、推しのお芝居が観たくて、彼の出る舞台には欠かさず通うように。最初は推しさえ観られればどの席でもいいなんて控えめなことを言ってたくせに、ちょっと前席が当たったが最後、もっと近い距離で推しの芝居が観たいという欲望を抑えきれず、がっつりファンクラブにも入る。**好きな四字熟語は「FC先行」です。**

膨らんだ欲望が次に向かうのは、推しの過去です。今この瞬間を生きている推しだけでは飽き足らず、推しの過去作品が知りたくていそいそDVDを買い集めるように。そして、今とはちょっと違う幼い顔立ちの推しに震え、やや拙い演技を見て、どれだけの努力を重ねて今の推しがあるのかを思い知る。ローマは1日にしてならず。松下《まつした》幸之助《こうのすけ》さんの伝記3冊分くらいの人生を、推しの過去DVDから感じ取るわけです。

さらに推しの顔をいつでも拝めるようにしたくて写真集を買い、刻一刻と変わる推しの顔を胸にとどめておきたくて、ブロマイドにもガンガンお金をつっこんでいく。**ブロマイドのいいところは、大好きな推しの顔なんで、基本的に外れがないこと。**掘っても掘っても出てくる油田みたいなものです。しかもそれが1枚あたり200円とか300円で買えちゃう。ワンコインでお釣りが来る幸せの国へのチケットです。

ありがたいことに舞台系の俳優はグッズ関連も豊富で、アクキー（アクリルキーホルダー）なんかも公式で売ってる。手のひらサイズの推しが手に入るなんて、ちょっとした『南くんの恋人』気分になれるから、人類はおそろしいものをつくり出してしまった。

気づいたら、推しのためならひょいひょいとお金を出すただのATMと化していた。

こうしてこの世にまたひとり強欲なオタクが爆誕したのです。

おかげですっかり収入と支出のバランスが悪くなりました。半沢直樹《はんざわなおき》が見たら秒で経営再建案とか出してくると思う。そんなデタラメな財務体質ですが、**間違いなくQOLは上昇した。幸福度ランキングとかとったら、デンマークとタメを張れるぐらいには毎日幸せです。**

なぜお金はたまらないのに幸せなのか。次はその理由を解き明かすために、推しができたことで僕の人生にどんな変化が起きたかを書いていきます。

CHAPTER 1

推しのいる生活

推しは心のストロングゼロ

幸せは自分の心が決める。

どこかの有名な画家さんも、えらいシスターもそう言ってました。すんげえ正論。もう間違いなくその通りで、いいこと言ってはるなと思う。

だけど、昔から僕はこの手の言葉が苦手でした。だって、そんなことくらいわかっている。でも、幸せかどうかを決める決定的なものさしが自分の中にないから困ってるんじゃん、と思うから。他人にどう言われようと、自分は幸せ。そう強く言い切れるだけのものがないから、まわりと比べて焦ったり引け目を感じたり嫉妬する。そして、そのたびに自分の中にあるドロドロした感情に疲れて、ますます自分のことが嫌になるのです。

生きれば生きるほどヒネたものの見方と都合のいい言い訳を繰り出す語彙力ばかりが発達し、完全に幸せ迷子だった30代前半の自分。そこから、**まあ人生いろいろあるし、正直未来もまったく見えておりませんが、ひとまず今日はハッピーです！　という気楽さを持てたのは、まちがいなく「推し」というものさしができたおかげです。**

孤独死の恐怖も吹き飛ばす「今日も推しがかわいい」の威力

生きていれば、常にイラッとすることだらけ。取引先から無茶なメールが来たときとか、タクシーの運転手さんが終始タメ口だったときとか、布団カバーのチャックを下げたら思い切り噛んでニッチもサッチもいかなくなったときとか。はい、今日はもう営業終了〜〜〜って心のWindowsを強制終了したくなるときは頻繁にある。**でもそんなダウナーなときも推しを見たら一瞬でハイになる。まじで推しは心のストロングゼロ。**

自分はこのままずっとひとりで生きていくんだろうかと将来への不安が募り、「孤独死　老後」で検索して、いつか来る自分の最期を想像しては言いようのない焦燥感に駆られる夜も、「今日も推しがかわいい」という事実だけで減退した食欲が一気に復活するくらいにはメンタルも回復します。

ブレない軸ができるというのは、心情的にもものすごく楽です。ストレスにタコ殴りされるような毎日の中で、心に翼を授けてくれるのが推し。イライラで窒息しそうになったときは、ダッシュでスマホにイヤフォンをつないで推しの動画を再生する。**動いているだけでこんなに気持ちを幸せにしてくれるなんて、乳児か推しぐらいでは。**

写真フォルダは一面推しの顔面だらけ。YouTube には再生スピードを0・25倍にする機能がありまして、こんなスローモーション誰が使うねんと思っていましたが、あれは推しのいちばんカッコいい顔をスクショするためにあるのですね。おかげで、やたらスクショの技術だけは上がった気がします。

昨今、「自分の機嫌は自分でとる」がひとつのキーワードになっていますが、そこで求められるのは、**自分で自分を楽しませる能力。推しを見つけることは、その最たる手法です。**豆腐メンタルだった僕も、おかげで高野豆腐ぐらいには昇格できました。

他人との比べ合い地獄を経て見つけた「推し」という最強のものさし

推しができて変わったのは、メンタルの強さだけではありません。年をとればとるほど、自分の見た目に対する執着心もやわらぎ、良くも悪くも人の目を気にしないだけのあつかましさを身につけられるようになりました。

けれど、推しができたらそうはいかない。何せこちらには現場がある。現場に行った以上、聡《さと》い人なら雰囲気で誰のオタクか判別はできる。そのときに「あの俳優のオタクはキモい」なんてレッテルを貼られた日には、推しに合わせる顔がありません。自分の悪口は耐えられるけど、親の悪口を言われたらガチギレするのと同じ。自分がどう見られるかに興味はないのですが、**自分のせいで推しまで悪く見られるのは勘弁ならない**のです。

だからこそ、多少見た目にも気を配るように。やったこともないスキンケアにいそいそ取り組むようになったのは推しのおかげ。最初はおっさんが化粧水だの乳液だのペシャペシャしてるなんて自意識過剰と笑う自分もいましたし、正直手間だなとゲンナリすることもあったのですが、おかげさまで多少お肌にも潤いが蘇った気がします。それに、そうやって**ほんの少しでも自分に手間暇をかけることで、自分を大切にする喜びを感じられるようにもなった。**

こんな生活がはたして本当に幸せなのかどうか。そう聞かれたら今でも上手に答えられる自信はありません。もっと確からしい幸せはいくらでもあるのかもしれない。でも少なくとも、他のどんな生き方より今のこの生き方が自分には合ってる。

この「しっくり来る」という感覚はわりと大事で。結局、どんな生き方も正誤を決めるのは、本人が納得しているか否かに尽きる気がします。

ずっと幸せの判定基準がわからなくて、自分の価値を他人との比べ合い地獄の中にばかり求めていた僕が見つけた、絶対不変の最強のものさし。それが、「推しが生きているだけで幸せ」なのです。

CHAPTER 1

推しがくれた優しさ

人を悪く言うしんどさから抜け出すいちばんの方法は「この人も誰かの推し」と思うこと

推しができたことによる変化はいろいろありますが、その中でも特によかったと思えることのひとつが、人に優しくなれたことです。

世代論的なことでパーソナリティーを決めるのは気が引けますが、1983年生まれの僕にとって「毒舌」はひとつのステータスでした。お笑い番組でも、いかに毒を吐けるかがポジション争いの決定打。うまく毒を吐ける人ほどおもしろい認定され、着々と出世の階段をのぼっていった時代が確かにありました。

それは、僕たちの日常の場面でもそうで。人を悪く言うことが「ディスる」なんて言葉でカジュアル化されたのが良い例。飲み会でうまく立ち回るために、適度に毒を振りまいて笑いをとるという方法を、僕自身、ひとつの処世術としてごく自然にこなしていました。

でもそうやって人を悪く言うたびに、心の奥底に罪悪感が沈殿し、飲み会の帰りはいつもひとり反省会。誰かを悪く言うことのしんどさから解放されたいのに抜け出せないジレンマに長らくモヤモヤしていました。

そんな毒舌芸からすっぱり足を洗えたのは、自分に推しができたから。推しが誰かに悪く言われているのを見るとやっぱり嫌だし腹が立つ。**同じように、今、自分がディスって笑いのネタにしようとしているこの人も、誰かの推しかもしれない。そう思ったら、軽率なことは言えないとわかるようになった。**

昔はイラッとする人に出会うと「死んだらええのに」と心の中で舌打ちする、怒りの導火線が2ミリしかない人間だったのですが、自分にとっては嫌な人でも、誰かにとっては推しなのかもしれないと考えると、容易に許せるほどの寛大さはなくとも、ぐっと我慢できるほどの耐久性は身につきました。

この人も誰かの推しかもしれない。それは、心の容量を2テラバイトくらい増設する魔法の言葉。同じ理屈で「この人にも家族がいるから」という擁護の仕方もありますが、このフレーズは僕にとってはむしろ地雷。親には「育て方を間違えたんじゃないか」と本気で説教したくなるし、配偶者なら「この人をパートナーに選んだ時点で同罪」と余計にイライラする。だけど、この人も誰かの推しなんだと思うと、ボロカスに言うのは胸が痛むから、推しの威力は絶大。

同じように、芸能人の悪口というのも全然言わなくなりました。もちろん苦手だなと思う人もいるにはいますが、そういう人にも応援しているファンがいることは想像できる。**自分の推しを大切にすることは、誰かの推しも大切にすること**なのです。

「推しが見てるで」は最強のキラーフレーズ

他にも、自分のモラルを高めるうえでうってつけの魔法の言葉があります。それが、**「推しが見てるで」**。信号無視や駆け込み乗車のように、ルールやマナーを破りそうになったとき、「推しが見てるで」は最強のキラーフレーズ。

推しが見てると思ったらお行儀の悪いことなんてとてもできません。つい誰かの悪口を言いたくなったときとか、思わず目の前の人に怒ってしまいたくなったときも、「その顔、推しに見せられる?」と胸に問うたら、一瞬でマイナスの感情も吹き飛ぶ。**どんな法律よりも神様の天罰よりも、「推しが見てるで」の一言の方がオタクにとってはよっぽど強力です。**

ミラーリング効果という言葉がある通り、好きな人の仕草や表情というのは無意識に真似てしまうもの。これは性格や日頃の立ち居振る舞いも同じだと思っていて、品のいい推しには品のいいオタクがつく。その逆もまた然《しか》りです。

ありがたいことに、僕の推しはみんな真面目で礼儀正しくて謙虚な方たちばかり。そんな推しの内面に惹かれれば惹かれるほど、**推しに足る人間であらねば**と勝手に意識も高くなる。そうこうしているうちに、自然と人との接し方も慎み深くなったし、配慮を重ねるようになった。マナーを学ぶことにお金を払うよりも、推しにお金を積んだ方が人格が磨かれました。

さらに付け加えるなら、**こちとら定期的にチケット争奪戦という血で血を洗う争いの場に身を投じなければならない永遠のソルジャー**。しかもそこは生きて帰れるかは運頼みという容赦ない戦場です。その運をちょっとでも引き上げるためなら、積める徳は全部積むのがオタクというもの。東に迷子の子どもがいれば行って交番まで送り届け、西に重い荷物を抱えたお年寄りがいれば行って代わりにおぶってあげるのです。

そうやって悪口も言わなくなり、すぐキレるのもやめ、他人に親切を施すようになると、自然と情緒も安定してくるし、常に優しい世界の住人でいられる。これはメンタルが荒れやすい僕にとって、めちゃくちゃ劇的なことでした。

こんな感じで優しい世界の住人が増えていけば、もっと世の中は穏やかになるし、地球上から争いもなくなると本気で思ってる。**今、世界平和に必要なのは、ガンジーでもマザー・テレサでもなく、推しなのです。**

CHAPTER 1

なぜオタクは課金するのか

愛のままにわがままに僕は推しだけにお金を使いたい

オタクになったことで、お金の使い方もずいぶんと変わりました。

以前は週5で飲みに行くのが当たり前みたいなライフでして。それはそれで楽しかったのですが、ぱたっと食と酒にお金を使わなくなった。食は500円の丼丸で満足だし、お酒は近所で98円で売ってる氷結でじゅうぶん。

それに引き換え、ぐんっと増えたのがチケット代やらグッズ代です。推し活には消費がつきもの。というか、オタクの界隈では消費を美徳としているフシがあります。ある種、お金を使うことをエンタメ化していると言ってもいいでしょう。

おかねつかうのたのしい。すべて平仮名にすることで深刻さを薄める。ええ、僕もよくやる手口です。

自分でもいつも合理性がないと思うのですが、**推しのInstagramを見ていると「あ〜〜好き〜〜〜〜」という感情がどんどん膨れ上がって、最終的に風船のようにぱんっと弾けた瞬間、中から桃太郎が出てくるように「課金しよ」の4文字が飛び出してきます。**なぜ「好き」を煮詰めた先にあるのは「課金しよ」なのか。

そもそも実際の恋でも「好き」という感情を持て余すと、クッキーを焼いたりマフラーを編んだり、という何かしらの生産行為に帰着します。何か手を動かさないと居ても立ってもいられないわけです。

つまり、オタクにとっての課金は手作りクッキーとかマフラーと同じ分類。ただ、そこそこいい大人になるとクッキーを焼いたりマフラーを編んだりしている時間もないわけで、お金にものを言わせるのが手っ取り早いという結論に。結果、ついついお金をぶちこんでしまうわけです。

さらに言うと、インスタって無課金ゾーンだと思うんですよ。無料で使えるし、ただフォローするだけで推しの美しい顔が日々供給されてくる。**座ってるだけで推しの新しい写真がわいてくるなんて、かけ流しの温泉かよ。**もう雑誌とかブロマイドとか買う必要なんてね〜〜〜。となるはずが、なぜかその逆。供給が増えれば増えるほど、もっと推しにふれたくなる。ザイオンス効果と言いまして、接触頻度が上がるにつれて相手に好意を持つのは心理学的にも有名な話。そんなザイオンスの掌《てのひら》で転がされるように、有料ゾーン（雑誌、写真集、ＤＶＤなど）に手を出してしまうのです。ザイオンスめ〜。

付け加えると、そもそも散財自体が、強い快楽の伴う行為なのです。なぜ人はお金を使うと気持ちがいいのか。それは、ほしいものを手に入れる所有欲と、何かしら推しに貢献できる奉仕欲、そして汗水流して稼いだお金を浪費している背徳感の３つがセットで味わえるから。

子どもの頃、みなさんも一度ぐらいは、ほしいオモチャやお菓子をどれだけおねだりしても買ってもらえずに駄々をこねた経験があるのではないでしょうか。あのときに感じた悔しさやみじめさは意外と心に残っているもので。大人になって、ほしいと思ったものをためらいなくポチッとした瞬間、いつも幼き日の自分を思い出します。

もう何も我慢しなくていい。だって、このお金は自分で稼いだお金だから。大人になってからの浪費は、無力な子ども時代への報復と救済と言えるのかもしれません。だから、お金を使うのは気持ちがいい。

推しにお金を使うとき、僕はちょっぴり不良になれるのです

あとは何より、バカなことがしたいという心理も働いている気がします。規範にのっとり、マナーを守って、清く正しく生きる日々。それは社会を構成する一員として当たり前といえば当たり前なんですけど、たまにそういう大人の常識みたいなのを全部吹っ飛ばして、しょうもないことしたい〜〜という欲望がせり上がってきます。

ドカンとお金を使うことは、そんな欲望を解消する最高の手段。無駄なものにお金を使って……という周囲の目なんてどうでもよくて、むしろどっちかって言うと自分でも無駄だと思ってるんですけどね〜〜ぐらいのものにお金を使っちゃう方が、なん

だか楽しくなる。そして、**その対象が推しであるなら、こんなwin‐win、他にはありません**。

ついテンションで買ってしまったピンバッジとか、特に使うあてのないコースターとか、あとあとになって引き出しの奥に眠る推しグッズを見ると、「あ……」と思わなくはありません。老後に2000万円の貯金がいると言われるこのご時世。セカンドライフを迎えたときに、あのときもっと貯めていればと後悔する気も余裕でします。でもそういう訪れてもいない未来への不安にがんじがらめになっているのも、またひとつの呪い。

自慢ではないですが、学生時代から基本的には優等生でした。屋上でサボったり、校門を飛び越えて学校を抜け出したり、殴り合いの喧嘩をしたり、そういう悪そうなこととは一切無縁だった自分が、ほんのちょこっとだけ不良になれる時間。それが、推しにバカスカお金を使うことなんだなと、最近しみじみ実感しています。

CHAPTER 1

なぜオタクは現場に行くのか

推しの才能に全力で殴られたい

とにかくオタクは、現場が好きな生き物です。

現場とは、ライブやコンサート、イベントなどの、推しと直接会える場所のこと。主にアイドル界隈で使われていた単語と認識していますが、今は俳優でいうところの舞台など、かなり広義的に用いられています。

推しの現場には必ず参戦。中には**全公演に参加する「全通派」**や、**交通費とホテル代を投じてでも駆けつける「遠征派」**などもいて、現場にはオタクたちの愛と熱意が滾《たぎ》っている。推しの現場を中心に自分のスケジュールを立て、生活費を算出するという方もそう珍しくはない気がします。

ではなぜ、オタクはこんなにも現場に行きたがるのでしょうか。

それはまあ、「推しに直接会いたいから」のひと言です。どれだけテレビやスマホで推しの顔面を眺めていたところで、あくまでそれは画面越し。

それに比べて現場は、何も遮るものがない場所で、視線の向こうに推しがいる。その胸の高鳴りは格別です。**推しが吐いた二酸化炭素を吸い込めているかもしれない感動は、生の現場だから体感できるもの。**

オタクが現場に惹かれる3つの精神

ただ、「会いたい」という感情をさらに因数分解していくと、もう少し複雑な欲望や葛藤が顔を出してきます。

まず大きいのは、**推しに圧倒されたいというひそかなマゾ精神。**普通に生きてて、圧倒されるなんて感覚、そう易々《やすやす》と味わえるものじゃない。ナイアガラの滝を見たとかサン・ピエトロ大聖堂に行ったとか、そういうクラスです。でも推しを見れば、言葉を失って、全身が脈打つように火照る。**才能に殴られることほど気持ちいいことはありません。そんな体験をくれるのは推しだけ。**だから、現場に行くしかないのです。

次にあるのは、推しの成長を見届けたいという保護者参観精神です。

生の現場は、何度行っても新しい体験ができます。たとえ演目は同じであっても、公演ごとに必ず何かしら微妙な変化が生じます。特に若手の俳優であればあるほど、ステージを重ねるごとに演技に深みが増して、よりダイレクトに、より繊細に、感情の動きが伝わってくることも。

若手と呼ばれる期間なんてほんの一瞬。そして、この瞬間は二度と返ってこない。そう知っているからこそ、100万枚撮りのフィルムでも撮りきれないほどの雄姿を瞼に焼きつけるべくいそいそと現場に臨みます。

最後は、オタクが現場に行かないと推しが生活できないという貢ぎ精神です。

実際問題、客席がガラガラだと推しも気まずいでしょうし、主催側からも集客力がないと判断されてしまいます。Twitter で推しの舞台がガラガラとつぶやかれているのを見たときの胸のざわめきたるや。そこに空席があるのなら僕が埋めるという使命感が、オタクを突き動かすエネルギー。逆に推しの現場に空席をつくることは、一部のオタクにとっては敗北と同義です。

生きていると感じさせてくれる場所がある人は、たぶん強い

崇拝と、庇護欲と、使命感。いろんなものがないまぜになっているのが推しの現場。そして、それらを踏まえたうえで、僕が現場に行く理由は、生きているという実感がそこにあるからです。平和ボケした毎日の中で、生きていると感じられる瞬間なんて滅多にない。ただぼんやりと過ごしていても日々は流れていくし、人生はそこそこに幸せでそこそこに不幸せ。

でも、現場に行くと、生きてるって感じがする。正しく呼吸ができた気がするし、正常に感情という機能が作用している気がする。毛穴が開いて、そこから熱が放出し、細胞という細胞が躍動する。友達と楽しく飲んでいるときとも、大きい仕事をやり遂げたときとも違う高揚感がそこにはあって。みんながイキイキしていて、目が輝いて

いる。僕にとって、現場は聖地です。

そこから立ちのぼる生命力の渦みたいなものを全身で感じられるから、現場は楽しい。**そして、そんなふうに生きていると感じさせてくれる場所を持っている人は、たぶん強い。**

いつだって薄いマスクに口元を覆われているような日常の中で、現場でだけは思い切り息を吸って思い切り息を吐ける。ただ楽しむことに全力を尽くせる。そんな時間がたまらなくいとおしくて、僕はあらゆる万難を排して今日も現場へとダッシュするのです。

推しは「予定」

推しの予定が入力されたGoogleカレンダーが、人生のロードマップです

そんな感じで、推しができたことによってわりとポジティブに日々を楽しめるようになりました。

現代っぽく言うと、間違いなく人生の解像度が上がった。これまでは「最近どうしてるん？」なんて近況を聞かれると「……働いてる」ぐらいしか言えなかったのが、「この間、推しの舞台に行ってな、それが今回は男娼の役やってんけど、それがまたすさまじくて」から始まり、「あ、ちなみに会場が横浜の赤レンガ倉庫やったから久しぶりに横浜めぐりして」と話が広がり、「宿泊がてら行ったスパがめちゃくちゃよくて、最近はちょこちょこまた銭湯通いも始めた～」と飛び火する。

生きていると、昨日と今日の違いがわからなくなるときがあって。同じ時間に起きて、似たようなご飯を食べて、仕事をし、眠る。その繰り返しに自分がぼんやりと絶望していくのを感じていた時期もありました。でも推しができると、昨日は雑誌の発売日。明後日はチケットの先行発売受付開始日と何かにつけてイベントがあるから、昨日と今日が同じだなんて言ってらんねえ。1日たりとも気が抜けねえ。

働きたくないな〜とうんざりするような朝も、今日もどこかで推しが生きているんだと思うと自分もがんばろうという気持ちになれる。たとえ生きてる世界は遠くとも、少なくともこの星のどこかに推しが生息しているのは事実。**地球規模で考えれば、僕と推しも同棲していると言っても過言ではありません（過言です）**。

推しの口から吐き出された二酸化炭素がめぐりめぐって、今吸い込んだ空気にまぎれこんでいると思うと、排気ガスの臭いしかない都会の空気もアルプスの山頂にいるようにおいしく感じられるのです（感じられません）。

間違いなく自分の人生のハリとかツヤになってくれている推しなのですが、ひと言でその存在を言い表すなら何でしょうか。ふと出たのは「生きる理由」なんですけど、すんげえ重い。いや、もちろん推しを生きる理由にしている人もいるし、その人たちを否定する意図は一切ないのですが（むしろ素敵）、基本的に自分なんて生きているだけでまわりに迷惑をかけているとか思ってしまうタイプなので、そんな自分から「生きる理由」にされても推しにとっては重荷でしかないと思ってしまう。リアル子泣きじじいになってしまう。

できれば、もう少しだけ推しとの距離感は適正にとっておきたい。そこで今再び考えてみた。僕にとって「推し」とは何なのか。

いろんな「予定」の積み重ねが、僕を延命させてくれている

これはあくまで暫定の答えなんですけど、推しは「予定」です。昔からそうなんですけど、僕、「予定」ができるだけで人生の彩度がめちゃめちゃ上がる。秋に友達みんなでバリに行くとかそういうデッカい「予定」から、今度の金曜は友達と飲みという些細《ささい》な「予定」まで。とにかく「予定」ができると、その日まではがんばろうという励みになるし、服とか新調したくなる。

推しもそうで。現場に行くという最高にハッピーな「予定」から、あ〜〜今日は何をやってもダメな日だもう営業終了絶対に仕事終わったら風呂入ってお酒飲みながら推しのDVD見ようという「予定」まで。いろんな「予定」の積み重ねが、自分を延命させてくれているところがある。

正直、長年シングルをやっていると、「子どもが大学を卒業するまではがんばって働かなくちゃ」みたいなデッカい「予定」が何もなく、僕はいつまで働き続けるんだろうとか、つい迷子になりがち。でも、こうやって**推しが自分の歩いていく道筋に、ヘンゼルとグレーテルのパンのように、一粒、また一粒と「予定」を落としてくれることで、なんとかそこまでは歩いていける。**そして、その「予定」が「実施済み」に変わったら、また次の「予定」までがんばる。推しの「予定」が入力されたGoogleカレンダーが、僕の人生のロードマップなのです。

CHAPTER 2

オタクは不毛。
だが、
それがいい

CHAPTER 2

推しに見返りを求めたら地獄の始まり

推しは絶対に自分のものにはならないと100回半紙に毛筆書きしてから進めオタクの道

オタクをやっていると、たまに我に返る瞬間があります。

今月のクレジットカードの請求額を見て、「この金額はおかしい。絶対不正利用されてるわ」と明細をひとつひとつ丁寧にチェックした結果、すべて身に覚えがありすぎて自分の金銭感覚に狂気を感じたときとか。現場を終えて「あ〜楽しかった〜」と帰る夜道、所帯持ちの友達が家族で仲良くBBQをやっている写真をFacebookで見たときとか。老いていく両親がいよいよ結婚の「け」の字も僕の前で口にしなくなったときとか。

はたして僕はいつまでもこんな生活をしていて大丈夫なのだろうか、と。

はっきり言って、オタクをやっていて見返りなどあるわけがないのです。どれだけ身銭を投じようと、一銭のリターンもない。見返りを求めるならコツコツNISAでもやった方が断然いい。

どれだけ熱心に推したところで、あくまで推しは赤の他人。自分のものにはなりませんし、思い通りにもなりません。というか、推しに見返りというものを求め出した時点で、それは地獄の始まりな気がします。

我が子でさえままならないのに、推しがままなるわけがない

これだけお金を使ったのに。これだけ現場に通ったのに。と恨み言が口から出そうになるときもあるかもしれませんが、基本的にそれらは自分がしたくてやったこと。誰に強制されたわけでもないのです。

まあ、推しも推しでたまに「僕を知っている人にはぜひ来てほしいです」みたいなコメントをして、オタクを煽《あお》ってくるから厄介なのですが、それはそれであちらも商売。推しにそんなことを言われてしまったら、今回の現場はスケジュールも厳しいし

流そうかなと思っていたものを無理にでもお金と都合の算段をつけますし、必要もない写真集をあと5冊積んだりしてしまうのですが、それも最終的にはやはり自己判断。自分がやりたくてやった、としか言いようがないのです。

だから、のちのちどれだけクズであることがバレようとも、あっさり結婚しようとも、（考えるだけで震えますが）突然芸能界から引退しようとも、「僕のお金と時間を返して」と言えないのが推し活。それを不毛と思うなら純金積立とかした方が絶対にいい。**それまでにもらった楽しい思い出とか、高揚感とか、幸せとか、そういったベネフィットを考えれば少なくとも対価としてはイーブンなはずだからです。**

僕、『渡る世間は鬼ばかり』というドラマが好きでして。特に初期の頃が大好きで、小学生の頃からガン見していたんですけど、よく山岡久乃《やまおかひさの》さん演じる岡倉節子《おかくらせつこ》さんがこんなことを言ってました。

「娘なんて育ててもちっともおもしろくないですね」と。

ご存じでない方に向けて簡単に説明すると、『渡鬼』とは岡倉大吉《だいきち》・節子夫婦とその間に生まれた5人の姉妹によるホームドラマで、5人の姉妹は成人し、それぞれ結婚して家庭を持ったり、仕事にいそしんだりしています。女の子ばかりですから、娘はみんな結婚すると嫁ぎ先の人間になり、いろいろ姑《しゅうとめ》と揉めごとを起こして節子に泣きつくものの、最終的にはそれぞれの家に帰っていくわけです。その顛末に毎回節子が「娘なんてつまらない」とボヤくまでが『渡鬼』のワンセット。そんな節子を見て、なるほど、たとえ我が子であっても自分のものになんてならないし、思い通りになどいくわけないいんだと子どもながらに学んだのでした。

以来、推しに関しても、**〝いつも心に岡倉節子〟**。

出産から大学卒業までに最低3000万円必要と言われていますが、3000万円かけたところで我が子でさえままならないんだから、推し活なんて不毛で当たり前。**「いくら自分のすべてをなげうったところで絶対に推しは自分のものにはならない」**と100回半紙に毛筆書きしてオタクの道を突き進むのです。

CHAPTER 2

推しの顔について本気出して考えてみた

「顔が好き」はオタクたちからの服従宣言

今の世の中、真っ向から人の顔についてコメントするのは、なんだか気が引けます。ルッキズムという考え方も広まり、人を見た目で判断するのはよろしくないというのが社会の空気。あと、単純に「顔が好き」と言うと、中身をまったく見ていない頭空っぽ人間のように思われるフシもなくはない。

ということで、やたらめったら「顔が好き」と言いにくいこの時代になんですが、大きな声で言ってもいいでしょうか。

推しの顔が好きです。

「顔が好き」というのは、存在に対する無条件降伏です。どんな御託を並べようと、好きな顔には勝てっこない。こちらも人間なので、たまに露出が減ったときとか、他の誰かに目移りすることもなくはないです。でもそんな浮気心を見透かしたように、ブログにぷいっと自撮りをあげられた日には、「あ〜〜〜〜〜〜〜やっぱりこの顔が好き〜〜〜〜〜〜〜」って2時間くらいずっとスマホの画面を見てる。

「美人は3日で飽きる」とか絶対嘘だと思うから、誰かエビデンス出してほしい。だって推しの顔は本当に飽きないから。日本から労働と納税の義務がなくなったら、間違いなく1日家に引きこもって、ずっと推しの顔を見て過ごしてる自信がある。見れば見るほど「綺麗な顔してるわ〜」ってため息が出るし、流麗なラインを描く眉とか、くっきりとした二重瞼とか、上唇と下唇のバランスの良さとか、笑うとこぼれる八重歯とか、本当よくできていて。**うちの推し、夜な夜な美術館に忍び込んでダビデ像とすり替えても、誰も気づかないんじゃない??**

インターネットというのはおそろしいもので、ちょっとほっといたら推しの新しい画像がどんどん出てくるので、軽く油田を掘り当てた気持ちになる。石油王になるのは今世ではむずかしそうですが、無限に出てくる推しの新規画《え》を見ていると、気持ちだけはアラブの宮殿に住んでいるようです。

だいたい僕は夜眠るとき、スマホで推しの名前を検索して、画面いっぱいにずらっと推しの顔が並ぶのを眺めながらウトウトするのですが、**まじで睡眠の質が段違い**。世間では寝る前にブルーライトを浴びると睡眠が浅くなるのが定説ですが、これも絶対嘘だと思うから、誰かエビデンスを出してほしい。ただし、たぶんこれに関してはすぐにエビデンスが出てくると思うので、その際は（注：推しを除く）って付箋をつけて返します。

やっぱり同じことをやられても、好きな顔と別にそうでもない顔だと、火力が桁違い。バズーカと水鉄砲くらいの差がある。特に何とも思っていない顔がウインクをしても「大丈夫？　目にゴミでも入った？」ってハンカチを差し出すくらいですが、好きな顔がウインクでもしようものなら、心のシュワちゃんがロケットランチャーを発射してる。人を見た目で判断するなと言いますが、どれだけ倫理観が洗練されようとも、人間、やっぱり本能には勝てません。見た目イズ最強。

「顔が好き」の力は納税額も上げるし経済もまわす

しかし悲しいかな人の心というのは複雑なもので。世の若手俳優の多くが、イケメンと呼ばれるのを嫌い、顔じゃなくて演技を見てほしいと思っているのが本音。顔が好きという賛辞に複雑そうな表情を浮かべる人たちも少なくありません。

でも、違うんです。こちらとしましても、中身もちゃんと見ているつもりです。**推しの仕事に取り組む姿勢とか、まわりの人たちに対する接し方とか、演技の中で見せる心震えるような表情とか、どれもこれも大好きです。**

ということを前提にしたうえで、もう1回言わせてもらっていいですか⁇

あなたの顔が好きです！

もうこれは、オタクたちからの服従宣言なのです。世界に70億人の人がいて、70億通りの顔がある中で、こんなにも好きな顔に出会える確率なんて奇跡としか言いようがない。頭の中で思い描いていた理想のパーツが完璧なバランスで配置されている。**僕がレオナルド・ダ・ヴィンチなら一生推しの絵だけ描いて過ごすし、僕が俵万智《たわらまち》さんなら毎日が推しの記念日です**。だからどうか世のイケてるメンズのみなさんには「顔が好き」というオタクたちからの言葉を素直にそのまま受け取っていただきたい。

俳優当人だけではなく、世の中的にも、「顔が好き」と言うと「結局顔かよ」と下に見る風潮があると思います。**でも本当、「顔が好き」の威力を見くびらないでいただきたい**。好きな顔を拝めるだけで、どんなにしんどいことがあっても働く意欲が湧いてくるし、労働のパフォーマンスもめちゃくちゃ高まるので、おのずと所得も上がって納税額も増えて、経済はまわすし国家に貢献できるし、世界レベルでいいことだらけです。

だから僕は夜な夜なベッドに入って推しの顔を眺め、ひとり推しの両親に感謝するのです。推しを産んでくれてありがとうございます、と。

CHAPTER 2

「顔が好みじゃない推し」の脅威

この沼、抜けられる気がしません

小学生の頃、すべての問いに答えはあるものだとばかり思っていました。

1+1=2になるし、直列つなぎと並列つなぎでは直列つなぎの方がモーターは速く回るし、1492年といえばコロンブスがアメリカ大陸を発見した年なのです。この世に解けない謎などなく、勉強すれば何でも答えはわかるものだと信じていました。

ところが、大人になると、どう頭をひねっても答えが出ない問題があることに気づかされます。それは推しとて同じ。改めてしげしげとその顔を眺め、心を鎮め、しばし沈思したのち、こう思うのです――**僕、なんでこの人のことが好きなんだろう、**と。

さっき「顔が好みの推し」の話をしましたが、この「顔が好みの推し」というのはとても理屈がシンプルでわかりやすい。顔が好き。だから推す。もう明快。池上彰《いけがみあきら》さんの解説くらいわかりやすい。

「顔が好き」より厄介な「顔が好みじゃない推し」

一方、この世には「顔が好みの推し」とは別の種類の推しがいます。その名も、「顔が好みじゃない推し」。この「顔が好みじゃない推し」というのは、つくづく厄介です。なぜかと言うと、なぜこの人を好きになったのか、理由が今いちわからないから。ずっと前から存在は知っていたはずなのに、なぜかある日、いきなり好きになる。止められなくなる。それが、「顔が好みじゃない推し」のおそろしさ。

もう全然顔はタイプじゃない。見れば見るほど、自分の好みとかけ離れている。絶対昔の自分なら一切ときめかなかったはず。なのに気づいたら見とれてる。「ヤツはとんでもないものを盗んでいきました。あなたの心です」って隣で銭形のとっつぁんがドヤッてる。

「顔が好みの推し」が「7□6＝1の□を埋めよ」みたいな問題なら、「顔が好みじゃない推し」は「2以上の整数m,nは$m^3+13=n^3+103$を満たす。m,nを求めよ。（2009一橋大 前期）」みたいなもの。難易度上がりすぎて昭和のクソゲーかよ。しかし、だからこそオタクたちは知りたくなるのです、そのmとnの正体を……！

わかりやすくちょっと僕の話をしますね。タイの『Theory《セオリー》 Of《オブ》 Love《ラブ》』というドラマがありまして（ご存じない方は、「OffGun《オフガン》」で画像検索してから、以降の文章をお読みください）。

これは親友に恋をしてしまったThird《サード》と、そんなThirdの気持ちなんてつゆ知らず、次から次へと恋人を取っ換え引っ換えするKhai《カイ》のせつないラブストーリーでして。まあ、このKhaiというのがどうしようもないクズ男なんですよ。ちょっと気になった女の子がいたらすぐに手を出し、別れ方はめちゃくちゃテキトー。しかも、自分の見た目の良さを鼻にかけているのですが、正直に言うと、Khaiのビジュアル、僕はまったく好みではないのです。

僕の好みは、どちらかと言えばThirdのような目鼻立ちの整ったかわいい系。対するKhaiは一重瞼のファニーフェイスで、顔も中身も全然好きじゃない。だから、ドラマを観ながら「何この男最悪！」とプンプンしていたわけです。ところがどうしたことか。回が進むごとに、どんどんKhaiに惹かれていく。見た目も性格もタイプじゃないのに、いつの間にかKhaiのことをかわいらしいなって応援したくなっている。気持ちはひとり月島雫《つきしましずく》です。「やなヤツ！　やなヤツ！　やなヤツ！」といきり立っていたはずが、いつの間にか「お荷物だけなんてやだ！　僕だって役に立ちたいんだから！」って自転車を後ろから押してる。

この説明不能の心理現象。これが、「顔が好みじゃない推し」の威力。あんなにいけすかないと思っていたKhai演じるOff《オフ》くんのことが今では好きになっているし、好みじゃないと一蹴していたOffくんのファニーフェイスが今となっては愛らしすぎて、新作の予告でOffくんが動いているのを見ただけで「生きてる〜Offくんが生きてる〜」って1年ぶりに雨が降った砂漠の民みたいになってた。

わからない。いったい何にこんなにときめいているのか。これが「顔が好み」なら不可抗力と割り切れるんですけど、「顔が全然好みじゃない」からこそ収拾がつかない。

だって見た目が好きな理由ではないということは、もうそれは才能か性格かに惹かれているとしか言いようがなくて。顔は経年とともに変化していくものなので、どこぞのタイミングで推しから卒業できる日が来るかもしれないですけど、才能とか性格のような容姿の移り変わりに左右されないものに心握られちゃうと、もう解脱のチャンスが見当たらない。

顔が好みじゃない推しができて初めてわかる、牧野つくしの気持ち

しかもこの「顔が好みじゃない推し」のいちばんおそろしいところは、そうこうしている間に気づけば好みじゃなかったはずの顔さえも好みになってしまうところ。本当はぱっちりお目目が好きだったはずの僕が一筆書きで書いたような Off くんの細い目にいとおしさを覚えるようになり、「顔が好みじゃない推し」がカメラ目線で手を振っただけで涙が出そうになるからどうかしてる。

あれです。絶対花沢類《はなざわるい》の方が好きだったはずなのに、なぜか道明寺司《どうみょうじつかさ》に心もっていかれちゃった牧野《まきの》つくしの心境です。リアルタイムで読んでいた頃は「は？　なん

で花沢類じゃないの?」って激怒していたのですが、ごめんねつくし、37歳にして、僕、ようやくあなたの気持ちがわかりました……。

ある意味、「顔が好みの推し」はアイドル的な感覚で推せるのですが、「顔が好みじゃない推し」はガチ恋の匂いがするから危険指数が高い。深追いすればするほどズブズブ沼に沈められていくので、引き返せるうちに引き返すことをオススメします。でないと、これまた夜な夜なベッドに入って画像検索し、ひそかにこう酔いしれることになるでしょう。この顔がしゅき、と。

CHAPTER 2

推しのこと、何て呼んだらいいのか問題

「くん付け」で呼んだ瞬間の甘酸っぱさに僕の心が爆発四散した

推しの名前が呼べない。

というか、もう少し正確に言うと、推しの下の名前が呼べないのです。なんだか**推しを下の名前で呼んでしまうと、いきなり距離が縮まって、彼氏感が出てしまう。**そこに何とも言えない密を感じて、僕は心のシールドを張ってしまうのです。

いちおう下の名前に「くん付け」で……と妄想を膨らませてみたんですけど、突然推しがクラスメイトみたいな感じになって、これまた僕には近すぎる。学ラン姿の推しが教室の後ろの方で消しゴムかなんかでキャッチボールをしてて、流れ弾がちょう

ど僕の足元まで転がってきたのを拾い上げた瞬間、「悪い悪いサンキュ」と駆け寄る推しと目が合うところまで想像して僕の心は死にました……無理……。

だったら苗字に「くん付け」で呼べばいいんでしょうけど、それはそれで**別の部署から異動してきた後輩男子感がすごい**。炎天下で一緒に外回りをして、涼みがてら入ったスタバで推しが「キャラメルマキアートをキャラメルソース多めでシロップはキャラメルシロップでお願いします」とオーダーしたあと、呆気にとられたように見ているこちらの視線に気づいて「甘いものが好きで」と照れ笑いするところを想像したら、僕の心が真夏日になりました……。

とにかくやたらと想像力だけが鍛えられたこじらせオタクの僕にとって、推しの呼び方は死活問題。今のところいちばん呼びやすいのはフルネーム＋敬称略という極めて事務的なスタイルなのですが、それはそれでなんだか他人行儀。いや、100％他人なので他人行儀で大いに結構なのですが、どこか寂しい気持ちがあるのも事実。

そこでふっと思い出したのが、Mr.Children。僕、一時期はライブも通うほど好きだったのですが、アーティストのライブで何が難しいかと言うと、曲と曲の合間にファンが歓声を上げるところがあるじゃないですか。そういうとき、わりと多くのミスチルファンが「桜井《さくらい》さーん！」とか「ＪＥＮ《ジエン》さーん！」とそれぞれの推しの名前を口にするわけです。このときね、僕も、僕も、声を高らかに呼びたかったのですよ、「桜井さーん！」と。こちとら腐っても元演劇部。腹式呼吸にはそれなりの自信があります。ぐっと空気を吸い込んで、「桜井さーん！」の「さ」の字が口から出かかった瞬間フリーズした。

桜井さん、だと……⁉

いったい……いったい僕ごときがどうしてその名を容易《たやす》く呼ぶことなどできようか。**もう自意識過剰もいいところなんですけど、万が一でも神様のようなあの人の耳に、気高き名を呼ぶこの野太い声が聞こえたら、おそれ多すぎて完全に不敬罪。**結局、ただの一言も言葉が出てこなくて、ただ口をパクパクさせただけの川辺に打ち上げられた鯉になりました。

一事が万事そんな感じの僕なので、うらやましいのはわりとキャッチーなあだ名があるタイプの芸能人です。及川光博《おいかわみつひろ》さんなら気兼ねなく「ミッチー」と呼んでも「なんだいベイベーちゃん」って言ってくれそうだし、中島健人《なかじまけんと》さんは「ケンティー」と声をかけたら「どうしたのシンデレラ」って答えてくれそう（イメージです）。

僕の推しにもそんなキャッチーなあだ名があれば……！　と、あれこれ考えなくもないのですが、そもそもそんな愛らしいあだ名が推しについているのを想像した時点で、いとおしさが爆発四散したのでたぶん生存できてない。

推しをできるだけ「概念」にしておきたいこの心

あとは、**そもそもフルネーム＋敬称略が落ち着くのは、そう呼ぶことによって、ちょっと推しを概念化させているところがあるからかもしれません。**織田《おだ》信長、ケビン・コスナー、林遣都《はやしけんと》。この感じです。

もちろん推しが自分と地続きの世界に実在していて、今日も息をしていることは重々承知しています。でも、推しが自分と同じ世界で生きていると真剣に考えると情報量が多すぎてパンクするので、一回、ちょっと現実から切り離して概念として見ている感じ。

もう少し言うと、フルネーム＋敬称略で呼ぶことによって、存在の固有名詞化をはかっている部分もある気がする。たとえば林遣都さんなら「林さん」と呼ぶと、どことなく市役所あたりに勤めてそうな感じがします。わりと下の名前が珍しいので、「遣都くん」と呼べば、ほぼ固有名詞な感じがしますが、ギリギリまだ他にも誰か該当する人はいそうな感じ。けれど、はっきり「林遣都」とフルネーム＋敬称略で呼ぶことによって、世界にたったひとり、他の誰でもない彼のことだけを示しているのがわかる。そこには「くん付け」や「さん付け」の持つ親近感や敬意とは別の、ある種の絶対性が備わっているのです。

なんだったら、そっとノートに推しの名前をしたため、口の中で転がすようにその音の響きを愉しみたい。わずか数文字。ただの母音と子音の連なりでしかない数文字が、特別甘やかに響くのだから、推しの名前というものはオタクの心を昂ぶらせる媚薬なのかもしれません。

「お歳暮を贈る」というフレーズに込められた紀香魂

来世は目指せ梨園の妻

オタクは何かにつけてお歳暮を贈りたがります。

この**「お歳暮を贈る」というのは慣用句みたいなもので、つまりは感謝のお気持ちを表明したいということ**なんですけど、まあとにかく何かあったら「お歳暮を贈りたい」と口にするのがオタクの風習。最近だと「Amazonのほしいものリスト公開して」とか「銀行口座教えて」も常套句。とにかく我々は何かにつけて貢ぎたい精神を持っているヤバいやつらなのです。

そして、このお歳暮精神、お目当ての推しにだけ働けばいいのですが、おそろしいことに、**推しをカッコよく撮ってくださったカメラマンさんとか、推しに最高の衣装&メイクを施してくださったスタイリストさんやヘアメイクさん、あるいは推しをキャスティングしてくださったプロデューサーさんとか、なんなら推しがよく行くと公言している近所の中華料理店の大将にまで、軽率にお歳暮を贈りたくなるのがオタクというもの。**丸大ハムがいくつあっても足りません。なぜ僕たちはこんなにもお歳暮を贈りたがるのでしょうか。

ひと言で言うと、それはもう〝ありがとう〟という気持ちをどこに届けたらいいか皆目見当もつかないので、この湧き上がるデッカい感情を「お歳暮を贈る」というフレーズにぶっこんでいるだけではあるのです。ですが、はたしてそうなのか。それだけなのか。

ついやってしまう隙あらば推しの身内ヅラ

そう心に問うてみると、これは僕だけなのかもしれませんが、推しによくしてくださっている方々に「お歳暮を贈りたい」と口にするとき、若干の身内精神が入っていたりします。

イメージ的には愛之助《あいのすけ》さんの隣にいる藤原紀香《ふじわらのりか》さんのような心持ちです。派手すぎず地味すぎず、上等そうなことだけはめちゃくちゃ伝わる着物を着こなし、三歩下がった位置から愛之助のご贔屓さんに慎ましく微笑む紀香。「出来たて飲むか藤原紀香」と言っていた頃の主張の強さも、「趣味：女磨き」みたいな押しの強さもなく、夫をかいがいしくお世話することへの幸福と喜びに満ちあふれています。正直、めちゃくちゃうらやましい。**来世では僕も推しの紀香ポジションに立ってみたい。**

そんな内助の功願望が「お歳暮を贈りたい」というフレーズには含まれているのではないでしょうか。そもそも推しの関係者でも何でもないオタクが、推しをお世話してくださっている方々へ「お歳暮を贈りたい」と思うのも、どの立場から言っているのかよくわからない話。「推しがいつもお世話になって」と言ってしまっている時点で、隙あらば推しの身内ヅラをしたい魂胆が見え隠れします。

普段あれほど「推しは赤の他人」と口を酸っぱくして言い続けているのに、この体たらく。そんな自分にあつかましさを感じつつも、つい推しの関係者にまで「お歳暮を贈りたい」と言ってしまうのは、結局のところ推しのために自分にできることはお金を使うことぐらいだからかもしれません。他に愛情表現の方法がわからなくて、財布を開けば推しが喜ぶとインプットしちゃってる感じ。成人した息子に延々お小遣いを渡し続けているお母さんみたいでやべえ感が倍増しますが、それでも今日もまた軽率に「お歳暮を贈りたい」という感情を爆発させるオタク人生。

ちなみに実際の上司には、お歳暮どころか年賀状1枚送ったことがありません。あしからず。

CHAPTER 2

認知されたくないオタクの心理

推しのツイートにいいねが押せません

人間は、承認欲求の塊だと言います。人から認められたい。必要とされたい。そう願うのは、ごく自然な心理。そして、罪深いかな、推しに対しても同じように思ってしまうのが多くのオタクの本能。遠い星の住人のような推しから、自分という存在を認識してもらうこと。顔や名前を覚えてもらうこと。ある種のオタクにとって、これはひとつのステータスです。推しから認知してもらうために、握手会やファンミーティングなどのイベントに足繁く通うファンも少なくありません。

が、僕にとってこれ以上ないぐらいにおそろしいのが、この認知。当方、いわゆる推しに認知されたくないオタクです。

なぜ推しから認知されたくないのか。ちょっと真面目に考えてみましょう。真っ先に挙げられるのは、とにかく推しの視界に自分を入れたくないという、ねじれ曲がった自意識の問題です。

僕のようなオタクにとって、推しは神様と呼んでも過言ではない存在。そんな推しと相対するのに、「接触する」なんてカジュアルな言い回し、無礼にも程がある。できれば「謁見」とかに言い換えてほしいし、なんなら推しは、大魔王バーンさまみたいに薄いヴェールの向こうにいてシルエットだけ見えるくらいの方が安心感がある。

そもそもの話、僕は自分なんかが応援していることは推しにとってマイナスでしかないと思うタイプのオタクなので、語彙としてはいつも応援させて「いただいている」くらいの方がしっくりきます。

推しのご迷惑にならないように、ひっそり息をひそめて見守る感じ。**失踪した産みの母が、自ら母ですと名乗り出ることもなく、スポットライトを浴びて輝く息子を柱の陰からそっと覗き見しているあの感じ。**間違ってもご本人を前に「ファンです」とか言えないし、もし機会があったとしても、ツーショットとか撮れない。

なんなら推しのツイートにいいねを押すのも無理だし、インスタライブとかでコメントするのも無理。もちろん、推しは何千何万といいねを押されているんだから、そのうちのひとつなんて目にも入らないことくらいわかっているんです。インスタライブのコメントだって、あっという間に画面の彼方《かなた》に消えてゆくだけ。何も気にすることなんてないことは頭では理解しているのです。


でも、じゃあなぜそれがうまくできないのかと言うと、推しに認知されたくないのもあるけれど、それ以上に推しを目の前にしてバグを起こしている自分の状態を認識するのが辛いから。キャーと黄色い歓声をあげようにも、喉から出てくるのは野太いおっさんの声。ときめきに頬を赤らめる表情は、イメージビジュアルは『ママレード・ボーイ』の光希《みき》あたりなんですけど、実際には茹でだこみたいなオタクが舞い上がっているだけ。僕がチャオズなら今すぐ自爆したい。

崇高なる推しの視界には、常に美しいものだけが映っていてほしいというのが心からの願い。想像してしまうんです。あのガラス玉みたいにキラキラの眼球に、自分が映る光景を。もう汚物以外の何物でもない。

推しが上る階段のレンガに僕はなりたい

さらに考えていくと、なんで自分がこんなに認知が怖いのかって、それが泥沼の第一歩だから。一度認知されたとします。そうすると、きっとどんどん推しに対して「もっと自分を見てほしい」「自分だけを見てほしい」という欲望が膨らんでくる。推しにとって、自分なんてたくさんいるファンの中のひとりでしかないはずなのに、つい特別なひとりになりたがる。

その結果、生まれてくるのは、「これだけ推しているのに」「これだけ尽くしているのに」という一方的な被害者意識。自分が人よりちょっと愛情重ため人間であることを重々承知しているからこそ、「この森の奥へは行ってはならぬ……！」と村のおばみたいな顔して自分に言い聞かせているわけです。

オタクたるもの、「自分が勝手に推しているだけ」ということを、常に忘れないよ

うに心の額縁に入れておきたいところ。ところ。こうやって推させていただいているだけで、すでに楽しい時間をもらっているわけだから、それ以上の見返りを望むのは筋違いといういう話です。

願うことと言えば、推しが心身ともに健康であること。推しが自分のやりたい仕事に打ち込めていること。それだけです。芸能界は、修羅の道。頂を目指すには、一段一段、着実に階段を上っていくしかありません。ならば僕は、その階段のレンガのひとつになりたい。僕というレンガを踏んで推しが一段上へとステップアップし、いつかその背中が見えなくなるぐらい遥か先まで上ってくれたら、もう望むことはありません。おとなしく辞世の句でもしたためます。

そして、生き別れになった母が残されたたった一枚の写真を頼りに息子との思い出を噛みしめるように、いつか手が届かないくらい推しが大きくなったとき、大量に買いあさったグッズやら雑誌やらを整理しながら「よくがんばったね……」と喜びに打ち震える。そういうオタクに僕はなりたい。

CHAPTER 2

ガチ恋よりもあつかましい、こじらせオタクの本音

推しは自分のものにならなくていい。だけど、誰のものにもなってほしくない

ガチ恋という言葉があります。

推しに対して本気で恋をしてしまうのが、ガチ恋。

一応、僕は推しに対する感情はガチ恋ではないというスタンスをとらせていただいております。**気持ちとしては、オカンくらいの感覚**。ですが、赤の他人の僕がオカンヅラをするのも実際のお母様に失礼なので、**たとえるなら、僕は寮母**。いそいそとメシを炊き、毎日シーツを洗濯し、推しの安眠を祈る。そんなイマジナリー寮母として、推しの生活を支えることができれば推しも幸せでしょうし、そうやってすくすく大きくなっていく推しを遠くでひっそり見守らせてもらえれば、僕も幸せ。長らくこれこ

そが推しとオタクのwin-winの関係だと思っていました。

が、しかしです。所詮、僕は欲深きオタク。マザー・テレサではないのです。この貧相な辞書に「無償の愛」という単語などあるはずもなく、おいしいご飯を食べさせてあげればあげるほど、見返りがほしくなるのが本音。そして、その見返りとは何かを突きつめていけば突きつめていくほど、行き着く答えは、恋愛感情に近い何かなのです。


目を閉じて思い浮かべてみましょう。「推し」という言葉を「好き」と言い換えてみたときに湧き上がってくる気持ちを。胸が震えるとはまさにこのこと。身体中の血が顔面に集中したかのように顔が一気に真っ赤になって、手足は痺れ、喉はカラカラ。ＹＯＳＨＩＫＩ《ヨシキ》さんのドラムぐらい激しく心臓がビートを刻んでいる。そして、そんな常軌を逸した僕を見て、島田紳助《しまだしんすけ》さんならこう言います、**「それって恋やん？」**と。

ええ、その通り。これは恋。ですが、それと同時に思うのです。え？　僕ごときが推しを「好き」とかどの口が言うてんの、と。言うて推しと僕なんて、主要成分は水とタンパク質っていうのが同じくらいで、それ以外共通項とか何もない。むしろ同じ人間と認識しているのもおこがましいくらいやからね？　と、なぜか自分で自分を意味不明に罵倒してしまいたくなる。

それがガチ恋を名乗ろうとは、身の程知らずもいいところ。四谷学院なら**「なんで、僕がガチ恋に!?」**っつって、ひとりで勝手に交通広告を大量に打ってる。

そう、結局のところ、自分を寮母だと言い張りたいのは、自分を安全圏に置いておくための詭弁《きべん》。一歩踏み込めば、ガチ恋にハマる可能性があることくらい自分がいちばんよくわかってる。でも、ガチ恋になっちゃったら本気でしんどいこともよくわかっているから、そうならないためにも自分は寮母と暗示をかけているのです。

他の人の出る幕もいけしゃあしゃあとかっぱらいたい

自分で自分の自己肯定感の低さに悲しくなってきますが、ではここで問題です。もし万が一、自分が推しに見合うだけの存在になれたとして、じゃあ本当に推しを恋愛対象として見られますか。そう聞かれたら、いや、そうでもねえな、という感じもする。本当、どのツラ下げて言ってんだって全国から吹き矢という吹き矢が飛んできそうな話ですが、そこはこちらも犬養毅《いぬかいつよし》。話せばわかると言わせてください。

なんなら僕は日々、推しの新しい情報を求めるタイプのオタク。それなりに推しのインタビューとか目を皿にして読み込んでおりまして。「好きなタイプは？」とか「付き合ったらどうなる？」みたいな茶番な質問に対する推しの回答とかも、悲しいかな茶番とわかりつつしっかり暗唱できるくらい、推しの恋愛観を熟知してる。なんならこの3年間の推しの好きなタイプの変遷とかもWikipediaにまとめてあげられるくらい網羅してる。

で、そういうのも考慮に入れて、冷静に推しが恋愛の相手としては合わないことも、まあまあよくわかってる。だって、あいつ、家では絶対自分の皿ひとつ下げないタイプだし。たまに気を利かせて食器とか洗ってくれるんだけど、油汚れがひどい用のスポンジで平気でグラスとか洗っちゃうタイプ。トイレットペーパーが切れたら、新しいのと交換はしてくれるけど、前のやつの芯とか、ゴミ箱に捨ててくれりゃいいのに、そのままそこに放置するタイプ。絶対生活とか共にできない。

そこまで想像して、推しはあくまで推し。遠くで鑑賞しているくらいがちょうどいいのだと振り出しに戻るわけですが、じゃあこのザワザワした感情の正体は何なのかと言うと、結局のところ別に推しが自分のものになってほしいなんて爪の先ほども思っていないのです。僕、そこまで強欲じゃない。けど、そうやってものわかりのいい顔をして、こんな図々しいことも思うわけです。**自分のものにならなくていいけど、誰のものにもなってほしくないと。**

自分が推しの人生に出る幕なんてないことぐらいは百も承知だけど、できれば他の人の出る幕もいけしゃあしゃあとかっぱらいたい。控えめそうなふりをして、身の丈を理解している分、ある意味、ガチ恋よりもタチが悪い。このあつかましさこそが、僕のオタクという生き方をより複雑にしている気がします。

CHAPTER 2

推しのラブシーン、見たいか見たくないか

「最初の女になりたい推し」と「最後の女になりたい推し」

この世には2種類の推しがいる。それは、ラブシーンを見たい推しと、ラブシーンを見たくない推しである。

推しのラブシーンを見たいか、見たくないか。この対極の感情は、決してどちらか一方しか持ち得ないものではありません。むしろ一人格の中に矛盾なく併存するのがおそろしいところ。**ある推しに対してはラブシーンお待ちしておりましたガンガンお願いしますと太鼓を叩いて笛を吹き、ある推しに対してはラブシーンとか無理ですごめんなさいと自ら棺桶に入る。**

いったいこの違いは何から生まれるものなのでしょうか。

直感的に言うと、ガチ恋か否かが分かれ目なのかなという気はします。推しに対しガチ恋的な感情を抱いているのであれば、ラブシーンは痛恨の一撃。その唇から流れるのは、よだれか、赤い血か、運命の分かれ道です。

ただ難しいのが、ガチ恋ではないけどラブシーンを見たくないという推しもいます。なんだそのねじ曲がった願望は。と自分で自分の面倒くささに嫌気がさしますが、この複雑な感情はいったい何なのか。解決したところで何のノーベル賞ももらえない不毛な問いにあえて真剣に向き合ってみると、見えてくるものはつまり、この世には「童貞であってほしい」タイプの推しがいるのではという仮説です。

実在の人間の性経験についてあれこれ願望を膨らませるなんて甚だ失礼な話ですが、その後ろめたさを背負った上で、ここからは語らせてください。

よく男女の恋愛観の違いで、「男は最初の男になりたがり、女は最後の女になりたがる」という格言があります。これ、実は推しにも当てはまるのではないでしょうか。**推しの中には「最初の女になりたい推し」と「最後の女になりたい推し」がいる。**そう仮定したら、ラブシーンへの葛藤もすんなり通る気がします。

つまりラブシーンを見て、もうあかん担降りするとなるタイプの推しは、「最初の女になりたい推し」。キスとか覚えなくていいので、できれば一生タマゴボーロとか食べてほしい。逆にラブシーンを見て、いいぞもっとやれとなるタイプの推しは「最後の女になりたい推し」。最後に自分のところに来てくれればいいので、それまで別に何があっても構わないわけです。なんならいっそ経験値とか積んできてほしい。

「童貞であってほしい推し」にとってラブシーンは突然の黒船来航

こうやって切り分けてみると、自分の中でラブシーンを見たい推しとラブシーンを見たくない推しが共生しているのも合点がいきます。

当然、ここで語っている「童貞」とは、推し本人の実際の性経験を指しているのではありません。言ってしまうとこれは「概念としての童貞」。何と言うのでしょうか。童貞という概念に象徴される、牧歌的な雰囲気といいますか。六本木よりも国営昭和記念公園の広場でひなたぼっこをしているのが似合う感じだったり、小学生の甥っ子と本気でババ抜きをやっちゃう感じだったり、ほっといたらお菓子をもぐもぐしちゃう感じだったり。推しのそういうところをこちらも愛でてきたわけで。**ラブシーンがおそろしいのは、そんな永遠だと思っていたネバーランドがいよいよ終わりだということに気づかされるから。**ピーターパンとかいねえから！　子どもでいたいなんて言って許されるのはトイザらスだけだから！　っていきなり現実を突きつけてくる。

推しとて人間。年齢を重ねればキャラチェンジも必要です。あんなに儚《はかな》げだった滝《たき》沢《ざわ》秀《ひで》明《あき》さんが気づいたらいつの間にかすんげえマッチョになっていたように、すべすべの肌も華奢な腕もうすっぺらい胸板もいつか失われる日がやってくるし、タマゴボーロじゃなくて、アタリメをツマミにビールを呷《あお》りながら、好きな異性の仕草を聞かれて、「セーターを脱ぐときの腕が交差する感じ」と妙に具体的な回答をするようになるわけです、死んだ。

つまり「童貞であってほしいタイプ」の推しにとって、ラブシーンは突然の黒船来航。言ってしまえば、ペリーです。大好きな推しが新たな扉を開けることを恐れる攘《じょう》夷派と、鎖国を紐《ひも》解き、推しの次なるステップを後押ししようとする開国派が頭の中で入り乱れて、ひとり鳥羽伏見の戦い。

けれど、攘夷派が開国派に駆逐されたように、変化は避けられません。ダーウィンも言ってました。「最も強い者が生き残るのではなく、最も賢い者が生き延びるのでもない。唯一生き残ることができるのは、変化できる者である」と。

だから、「童貞であってほしい」タイプの推しがラブシーンをバンバンやるようになったら、オタクもバージョンアップのとき。救心片手にまずはなんとか生き延びましょう。そして、最初は妙にぎこちなかった推しが、いつの間にか妙に生々しいキスシーンをあざやかにこなすようになったときこそ、今度は「推しの最後の女になりたい」という新たな願望に舌なめずりする番なのです。

CHAPTER 2

推しの裸、見たいか見たくないか

推しの乳首は都市伝説です

推しが脱ぐ。なんでしょう、たった一文で心が切り刻まれるこの破壊力。オタクをやっていると、定期的にふってかかるのがこの推しの肌色面積問題です。

なんとなく、**世の大人たちはなんでも脱がせりゃオタクは喜ぶと思っているフシがあるのですが、この風潮に僕はＮＯと言いたい。**確かに推しの裸は、生きる芸術です。ぐっと盛り上がった胸板に、割れた腹筋。そのどれもこれも女性にはない男性だけの美しさがあり、なかなか普段目にする機会がないからこそ、その威力は絶大。いけないものを見ている背徳感に、オタクは酔いしれるのです。

けれど一方で、ひそかにオタクはこうも思っているのでした。**肌色面積というのは多ければ多いほどいいというものではない、と。**むしろパンツの裾から覗くくるぶしとか、伸びをしたときにチラリと見えるおへそとか、少なければ少ないほどその価値が上がるのが肌色面積というもの。「チラリズムこそエロ」とでっかくボディに印字した宣伝カーで渋谷の街を駆け回りたい。

「脱いでほしい推し」と「着衣してほしい推し」の違い

脱いでいる推しがいいか、着衣している推しがいいか。人類を揺るがすこの二択。僕の脳内でも長年、宗教戦争を繰り広げてきました。そして幾度にわたる十字軍の遠征を経て、こう結論づけました。**「「推しによる」」**。ある推しは肌色面積が多ければ多いほどフェロモンを放ち、ある推しは肌色面積が少なければ少ないほどエロスが匂い立つ。いったいこの差は何から生まれているのか。またもや解いたところで誰の役にも立たないこの謎について考えてみたいと思います。

郵 便 は が き

料金受取人払郵便

新宿北局承認

9083

差出有効期間
2024年 5 月
31日まで
切手を貼らずに
お出しください。

169-8790

154

東京都新宿区
高田馬場2-16-11
高田馬場216ビル 5 F

サンマーク出版愛読者係行

ご 住 所	〒　　　　　　　　　　都道府県	
フリガナ		☎
お 名 前		(　　　　)
電子メールアドレス		

ご記入されたご住所、お名前、メールアドレスなどは企画の参考、企画用アンケートの依頼、および商品情報の案内の目的にのみ使用するもので、他の目的では使用いたしません。
尚、下記をご希望の方には無料で郵送いたしますので、□欄に✓印を記入し投函して下さい。
□サンマーク出版発行図書目録

愛読者はがき

1 お買い求めいただいた本の名。

2 本書をお読みになった感想。

3 お買い求めになった書店名。

市・区・郡　　　　町・村　　　　書店

4 本書をお買い求めになった動機は?

・書店で見て　　・人にすすめられて
・新聞広告を見て(朝日・読売・毎日・日経・その他=　　　)
・雑誌広告を見て(掲載誌=　　　)
・その他(　　　)

ご購読ありがとうございます。今後の出版物の参考とさせていただきますので、上記のアンケートにお答えください。**抽選で毎月10名の方に図書カード(1000円分)をお送りします。** なお、ご記入いただいた個人情報以外のデータは編集資料の他、広告に使用させていただく場合がございます。

5 下記、ご記入お願いします。

ご職業	1 会社員(業種　　) 2 自営業(業種　　) 3 公務員(職種　　) 4 学生(中・高・高専・大・専門・院) 5 主婦　6 その他(　　)		
性別	男・女	年齢	歳

ホームページ http://www.sunmark.co.jp　ご協力ありがとうございました。

まずひとつは、推しが文化系か体育会系か説。ざっくり分けて推しが体育会系の場合、脱いでも大丈夫。これは、学生の頃からスポーツをしてきたとか、日頃からジムでトレーニングをしているとか、フィジカル的に体育会系という意味もありますが、メンタル的に体育会系というのも多分に含まれます。

要は、公衆浴場に入るときに前を隠さないとか、夏場にBBQやライブに行くと軽率にTシャツを脱ぐとか、そういう人種。彼らはそもそも脱ぐこと自体に抵抗がない人が多いですし、なんなら鍛え上げた肉体を見てもらえることを喜びに感じていたりする。需要と供給がマッチした幸福なケースと言えるでしょう。

厄介なのが、文化系タイプの推しです。これは、ご本人が文化系ということもありますし、もっと正確にはオタクたちが推しに文化系の匂いを感じているといった方が正しいかもしれません。図書館の窓辺でゲーテを読んだり、枯葉舞う中庭でヴァイオリンを弾いたり。そういうイメージをなすりつけられがちな推しを、文化系タイプと分類します。彼らには、肌色の2文字がまったく似合わない。むしろできるだけ着込んでほしい。シャツのボタンも上まできっちり留めてほしい。

たまに見せる腕まくりしたときの腕の血管とかでこちらはじゅうぶんおいしい酒が呑めるので、過剰なベッドシーンとかシャワーシーンを連発されると「公式との解釈違いィィィ」ってちゃぶ台をひっくり返したくなる。「誰か毛布を！」って雪山で遭難者を発見した救助隊みたいな気持ちになる。

推しは偶像か、それとも生身の人間か

そして、推しの肌色面積をめぐるもうひとつの分岐点は、推しを偶像として見ているか、生身の人間として見ているか、です。この偶像とは、いわゆる「概念としてのアイドル」という意味。ですから推しから供給されるものはエンターテインメントとしてありがたく消費するのが、オタクとしての正しいマナー。推しがシャツを脱げばキャーと歓声をあげ、淫らに腰を振れば、イヤーと悲鳴で沸く。そこにあるのは、性的興奮というよりも、どっちかって言うとひとつの様式美みたいなもので、島木譲《しまきじょう》二《じ》さんのパチパチパンチとジャンルは同じです。島木譲二が胸を叩けば拍手を送るのが大阪のならわし。おもしろいかどうかは関係ありません。同様に、推しが脱げば沸

くのがオタクのならわし。ややこしいことを四の五の言う必要はないのです。

一方で、推しを生身の人間として捉えている場合は、肌色面積はセンシティブな問題。どれだけ推しが気張って脱ごうと、キャッキャするよりも先に「ちゃんと推しの同意は得られているのか」「社会通念上、問題はないか」と面倒くさいことをあれこれ考えてしまう。**推しを安易に性的に消費してしまうことに対して、罪悪感が先立ってしまうのです。**ですから、こちらとしてはなるべく性を安売りせず、推しの服の下は妄想の世界にとどめておきたい。ジャンルとしては、ツチノコと同じ括り。推しの乳首は都市伝説です。

そしていつかここぞという大仕事のときに、盛大に脱いでくれればそれでオッケー。そのときはホクロの位置までしっかり脳裏に焼きつけ、その甘い記憶をのちの人生のよすがとしてひっそりと生きていくのです。

CHAPTER 2

部屋とYシャツと私

オタクが推しと同じものを身につけたくなる理由

以前、『おっさんずラブ』というドラマにガチハマりしていた時期がありました。もうその熱狂ぶりといったら、今振り返ってもシンプルに「頭がおかしかった」という感想しか出てこないのですが、とにかく寝ても覚めても『おっさんずラブ』のことしか考えられなくて、2人の恋路を想ってはうっかり虎ノ門の交差点で泣き出す始末。そんな常軌を逸した愛を持て余した結果とったのが、**登場人物のひとりである牧凌《まきりょう》太《た》の衣装を買いあさる**という行為でした。

本件に限らず、ちょっと頭がのぼせ上がると、推しが身につけているものと同じものを買いがちな僕。生まれて初めて買ったアクセサリーは、Mr.Children の桜井和寿《かずとし》さんがはめていたLOVEという文字をかたどったリングでした。どう贔屓目に見てもゴツい指輪とか似合うキャラクターじゃないだろ、とあとから冷静になったら思うわけですが、ちょいちょい正常な判断能力を失ってしまうのがオタクの習性（かなしい）。この間も、絶賛ドハマりしているタイの『2gether《トゥゲザー》』というドラマに出演しているBright《ブライト》くんが着ているユニクロのTシャツをまんまとお買い上げしてしまいました……（うれしい）。

『ふしぎ遊戯』でわかる、オタクが推しと同じものを買う理由

まだグッズを買うならわかるのです。そのグッズの代金の何パーセントかは推しの懐に入るでしょうから、このグッズ代でおいしいものでも食べておくれというのは、寮母としては健全なる願い。

しかし、こういう身につけているものを買うというのは、直接推しに利益が発生するわけではなく、ストレートに言うとただの自己満足。そうわかっていながらも、なぜオタクは推しと同じものをつい買ってしまうのか。

簡単に言えば、おそろいのものがほしいという話だとは思います。ペアルックという言葉が死語になったかと思いきや、双子コーデと名前を変えて息を吹き返してくるこの世界。好きな人と身につけるものを合わせることで、その人を独占しているような安心感を覚える人も多いのでしょう。とは言え、恋人と違って推しは遠い世界の住人。いくら持ちものをそろえたところで、自分が one of them なことに変わりはありません。

それでも、推しと同じ服やアクセサリーを身につけたくなるのはなぜか。そう考えながら、ふっと思い出したのが『ふしぎ遊戯《ゆうぎ》』という漫画です。『ふしぎ遊戯』とは、1990年代に人気を博した、渡瀬悠宇《わたせゆう》さんによる少女漫画。四神天地書という古い書物に吸い込まれた女子中学生が、本の世界で7人の七星士とともに冒険を繰り広げるファンタジーです。そこで、現実世界と本の世界をつなぐ媒体となるのが、制服。主人公とその友人は同じ制服を着ていたことから、次元の壁をこえて交信し合います。

ねえ、これじゃない……？

繰り返しますが、推しは遠い世界の住人。基本、その世界線がこちらと交わることはないと思っています。直接存在を確認できないという意味では、2次元みたいなもの。**だけど、同じものを身につけることで、ほんのすこーし、ほんのすこーしですけど、世界線が交わった気がする。つながり合えている気がする。それがうれしくて、つい推しと同じものを買ってしまうのではないかと。**

おそろいの服は、オタクの妄想力を鍛える最高のアイテム

あと、とっても気持ち悪いことを言うのですが、推しと同じ服をベランダに干したとき、一瞬、ちょっと同棲している感覚を味わえるのもミソです。なんなら記憶力が雑なもので、すっかり推しと同じ服を買ったのも忘れてしまうときがありまして、何気なく引き出しを開けたときに推しと同じYシャツを見つけると、「これ……」と昔一緒に住んでた元カレの忘れ物を見つけたみたいな気分になれるのも雅《みや》び。

普段はSサイズでいけちゃう僕にとって、183㎝のBrightくんと同じ服は完全にオーバーサイズでして。そのブカブカ加減に彼氏の部屋に泊まった女の子気分を満喫した挙げ句、183㎝の男の人って大きい……！　と頭がおかしくなるくらいドキドキしました。

無駄な出費のように見えて、意外と楽しみ方の多い推しと同じ服。飽きたらメルカリで売りやすいのもオタクにとっては高ポイントです。

CHAPTER 2

ドラマの最終回は最後の戦場であり、祭りである

ふたりの幸せを願って絵馬を書いたあの日

２０１８年６月２日昼。なぜか僕は赤坂の氷川神社にいた。受験生でもそんなに念を込めないっていう勢いで絵馬を書き、賽銭箱に大枚をはたく。すべては、２人の恋が成就するため。**そう、その日は人気ドラマ『おっさんずラブ』の最終回だったのです。**

俳優オタクにとって、ドラマの最終回は命を賭けた最後の戦場であり、祭り。大抵、最終回の１話前はラストで大きく盛り上がって終わるため、最終回を待つ１週間というのは情緒という情緒が乱れまくった日々を送りがちです。特に『おっさんずラブ』はすさまじかった。想い通じ合っていたはずの春田創一《はるたそういち》と牧凌太が悲しい別れを迎え、突然物語は１年後へ。寝坊した春田を迎えるのは、なぜか同棲している黒澤武蔵《くろさわむさし》部長

というラストシーンに、地獄のどん底へ突き落とされました。

今でも覚えています。あれは、5月28日。プロデューサーの貴島彩理《きじまさり》さんを取材するため、僕は六本木へ。けれど、テレビ朝日のシルエットが見えた瞬間、「春田と牧が……!!」って涙腺が崩壊して、精神を落ち着けるべく、ヒルズの隅で泣きながら、ドラマのテーマソングの『Revival』（スキマスイッチ）を30分くらいリピートしてた。

そんな首の皮一枚の命を何とかつなぎとめて迎えた最終回当日。気持ちは、アメリカの大統領選です。トランプなのか、バイデンなのか。ことによっては一揆も辞さない一大決戦。**ただひたすら勝利を願い、酒屋に行ってモエ・エ・シャンドンを仕入れ、ケーキも調達。**ＳＮＳには同じように最終回を震えながら待っている同志で溢れ、固唾を飲んで放映開始の23時15分を待つさまは、さながら開票待ちの選挙事務所。誰か～だるま持ってきて～！

そして始まる最終回。怒濤に次ぐ怒濤の展開と、全オタクの意識をブラックアウトさせた極甘のラストカット。**もうその瞬間、口からいろんなものが出た。**本気で45分間、一度も息をしていなかった気がするんですけど、僕、息止め記録のギネス更新してない?? 地球とハイタッチするつもりで、床をバンバン叩いてました。

オタクを幸福に消耗させる「いい作品ロス」

たかがドラマの最終回。なのになぜ僕たちはこんなにも心身を消耗させられるのか。それはやっぱり**ひとつの世界の終わりだから**なんですよね。しかも、ドラマで描かれる世界って、僕たちが過ごしている日常に比べると圧倒的に濃厚で密度が高くて。連ドラならほんの3か月だけど、使っている感情の振り幅は人の一生分くらいあったりする。だからこそ、観ている方も同等のカロリーを消費するし、自分を投影もする。それが終わるとなれば、肉体の一部が明け渡されるような感覚になるのも、無理のない話です。

もうあの愛しい登場人物に会うことはできない。そう感傷に浸るだけで、まるで大切な友人をなくすような寂しさを覚えることすらあるドラマの最終回。

けれど、不思議なことに、**本当に優れたドラマというのは、喪失感だけでなく、むしろこの先もずっとこの世界のどこかで彼らが生き続けているような気持ちを味わわせてくれます。**ホームで電車を待っているとき、窓から見える夕焼けがとっても美しかったとき、眠る前に何気なくスマホをいじっているとき、ふと「今頃彼らは何をしているんだろう」と思い出させてくれる。そんな地続きの世界をつくってくれるのが、いいドラマであり、俳優の豊かな芝居の証です。

放送終了から何年経っても、登場人物の誕生日が来たら「誕生祭」とハッシュタグをつけてお祝いするのも、どこかで彼らが生きていると信じているから。劇中で使用されたロケ地を訪ねる「聖地巡礼」に関して言えば、自分がその世界に混ざり込んだ楽しさもありますが、僕としては懐かしい母校を訪ねる気分に近いです。その場所に足を踏み入れた瞬間、あのときの感情が生々しくフラッシュバックする。

はたから見ればおかしなことかもしれません。けど、決して笑われることではありません。大切な世界がいくつもある。それは、すごく幸せなことだと思うのです。

CHAPTER 2

推しの友達は推し

推しが友達とわちゃわちゃしているのを見ると「ご祝儀！」って思います

なぜでしょうか。**推しのインスタに推しの写真がアップされるのはもちろんありがたいのですが、それ以上に、ある日全然違う人のインスタに推しがぴょこっと登場したときの方がめちゃくちゃテンションが上がります。**

サプライズ感はもとより、他の人との関係性がチラ見えするあたりに喜びを感じるのでしょうね。そのため、撮影なり稽古なりがスタートしたら、共演者さんのSNSは要チェック。ひょっこり登場する推しとのショットに、「あ、初共演の人ばっかりで馴染めるか心配やってんけど、今回はこの人に仲良くさせてもらってるんやね」と入学したての息子を持ったオカンのような気持ちになります。

なんならSNSでの登場頻度が高い共演者さんがインタビューで「この間一緒に飲

みに行った」なんて話しているのを聞くと、「うちの推しがいつもお世話になって」と軽率に関係者ヅラしたくなる。推しと仲良くしてくれる人というのは、オタクにとってはありがたい存在なのです。

そうこうしているうちに、その現場が終わり、だいたいの共演者さんから推しの情報はもう出てこなくなるのですが、中にはその後も推しが定期的にSNSに登場する方もいます。そうなってくると、いよいよこちらとしてもちょっと気になる存在に。最初はただの推しの共演者さんだったはずが、推しの友達認定となり、番組欄でその人の名前を見かけると、「あ、今日推しの友達が出るわ」といそいそ録画予約をし、気づけば普通に掲載雑誌とか過去の出演作とかチェックしはじめている。なんなら「高校時代の失恋バナシ」とか「この仕事を始めていちばん大きな挫折」とかそういうエピソードトークまですらすら諳《そら》んじられるようになっている。

そのあたりではっと気づくのです。**え、もうこの人、推しですやんと。**

これが世のオタクたちを悩ませる「推しの友達は推し」理論。推しの友達として親しみを持っていたはずが、いつの間にかそれ以上の感情を寄せるようになって、ガンガン現場にも足を運ぶようになっていたりすることをこう呼びますが、この「推しの友達は推し」理論のおそろしいところは、際限がないところ。芋づる式に推しの友達の友達までどんどん推すようになって、すっかり**人類みな推し状態。**

最近パワポでつくる資料は、推しの相関図ばかり

さらに震え上がるのが、推しとその友達にも大きな感情を持つようになったことで、2人がカラんでいるのを見ると、それまで以上にヤバい気持ちを抱いてしまうことです。もう心の収拾がつかない。対談とかに盛り込まれるツーショットを見て「え……顔、近すぎない……?」って思わず口を手で押さえるし、インタビュアーの「自分にとって、相手はどういう存在?」という質問に対する推したちの清き答えに天を仰ぐのをとめられない。

これは僕の推し2人の話なんですけど、この2人は俳優養成所時代からの知り合いでして。当初はそれほど近い存在ではなかったのですが、同じ舞台に出演したことをきっかけにぐんぐんと距離を縮め、今では双方が親友と認め合う仲に。あるインタビューで「前までは他の人と仲良くしているのを見たら嫉妬みたいなものがあったんですけど、今は仲良くなりすぎて『どうせ数か月後には僕のところに戻ってくるから！』みたいな感じになってる」って答えているのを読んで、書店で普通に「天国かよ」って声が出ました。まあ、松田凌と宮崎《みやざき》秋《しゅう》人《と》のことなんですけど。

正直、推しが女性の共演者といちゃいちゃしていてもびっくりするぐらい何も心が動かないのですが、推しが友達とわちゃわちゃしているのを見たら、すぐ「ご祝儀！」って叫んでしまいます。今度生まれ変わるなら、推しと推しが熱く芝居論をぶつけ合っている居酒屋の刺身醤油を入れる小皿になりたい。

これが、いわゆる**関係性萌え**というやつです。この関係性萌えにはさまざまなパターンがありまして。僕はなんだかんだ**親友萌え**に弱いのですが、まだ**経験が浅い頃に役者のイロハを叩き込んでもらい、以後、その背中を追い続ける師弟萌え**や、**互いに負**

けたくない相手として認め合うライバル萌えといったジャンルも。

そして、こうした関係性を調べていくことにより味わえるのが、推しの相関図をつくっていく楽しみです。推しを起点に、あっちこっちに矢印を引っ張り、「ここの4人とはサバゲー仲間」などグルーピングをしていく。そうやって推しの相関図がどんどん充実していくことにより、推しがちょっとだけ立体感を増したような気持ちになれるのが至福です。

僕のパワポにはこんな相関図しか入っていないのですが、絶対他の人に見られたくないので、どうかもし僕が不慮の事故で亡くなったときは、即ファイルが消滅するようなアプリを、どっかのエラいエンジニアさん、一刻も早くつくってください。

CHAPTER 2

クリアファイルの数でわかるオタク度指数

そして、今日も使わないグッズが増え続けます

我が家には、ひとり暮らしだというのにマグカップが6つもあります。沢口靖子《さわぐちやすこ》さんではないので、定期的に友達を招いて昼下がりのリッツパーティーをするような暮らしはしていません。なのに、なぜか6つもあるマグカップ。答えは簡単。どれもグッズだからです。

オタクをやっていると、家の中がどんどんグッズだらけになる。痩せ型の僕はあまり見栄えがしないので普段はTシャツは着ないのですが、数えてみたらTシャツだけで11着あった。どれも推したちの公式グッズです。ついでにスポーツも一切しないのにマフラータオルが4枚もあった。これは、**一時期狂ったように好きだったハイパー**

プロジェクション演劇「ハイキュー!!」のせいです。公演に行くたびにそれぞれの学校のチームタオルを買っては、ダダ漏れになる涙を拭かせていただきました。しかし、以降、特に日常で使う場面もなく、すっかりタンスの肥やしになったまま。グッズというのは想い出もセットでつまっているので、不要になったからといってそう易々と捨てられるものではなく。引っ越しのたびにゴミ袋に入れながらも、「やっぱりもったいない！」と引き上げ、今日に至っています。

透明じゃないクリアファイルを持ち歩くか問題

あと、いちばん大量にあるのはクリアファイル。世の中のプリントというプリントを全部収納できるぐらいクリアファイルはあり余ってる。企業というのは、数字をもっているコンテンツを見つけたらすぐに便乗してクリアファイルをつくりがち。そして、オタクもそんな企業の打算を知りつつ、それ行けと掌の上で踊らされがちです。**家に最も多いクリアファイルは、世界の羽生結弦《はにゅうゆづる》選手。**対象商品を指定の数だけ購入したらクリアファイルが1枚ついてくるという例のアレです。２０１２年の世界選手権でどっぷり羽生選手に落ちた僕は、狂ったように近所のコンビニをめぐってクリアファイルをコレクションしました。おかげで一時期やたらキシリトールが家にあった。虫歯予防もされまくった。推しは歯まで良くしてくれるのです。

このクリアファイルの何が問題って、当然ながらそれぞれの推しがデカデカとプリントされているので、まったくもって透明じゃない。クリアファイルの「クリア」の概念を完全に無視しています。だから、どのクリアファイルに何のプリントを入れたのか全然わからねえ。いちいち取り出して中身を確認しなければならないという、もはやクリアファイル本来の目的を果たしていない構造。どちらかと言うと、下敷きに近い。しかも、カバンからチラ見えしたら推しバレ甚だしいので、恥ずかしくてまったく使えず、結局部屋の片隅に大量のクリアファイルが堆《うずたか》く積もっているという末路を辿りがちです。

一事が万事、そういう感じで。推しのグッズというのはイマイチ実用性に欠けます。よくトートバッグもグッズ展開されますが、なぜグッズ化されるトートバッグにはマチがないのか。パンフレット1冊入れたらもういっぱいという驚きの収納力の低さ。

そして、だいたいベージュ色。汚れが目立ちやすいから、トートバッグは黒にしてほしい。あと、そんなTシャツばっか着ないんで、ポロシャツとかYシャツとかバリエーションを増やしてほしい。

たまに、もはやこれは公式がオタクたちの忠誠度を試しているのかしらと思いたくなるような突拍子もないグッズも出てきたりします。僕がいちばんびっくりしたのは、タイの人気俳優・BrightとWin。このオタクはいくらでも金を落とすと見込まれたのでしょう。ある日売り出されたのは、2人のお顔がデカデカとプリントされた枕でした。逆に寝れんわ。しかし、それでも買ったオタクが多かったのでしょう。しばらくしたら今度はこれまた2人がデカデカとプリントされたブランケットが発売されていました。

もはや買った方が勝ちなのか負けなのかわからなくなる、公式とオタクによる争い。華やかなグッズには、そんな駆け引きが水面下で行われています。**ただひとつ言えることは、グッズを買えば買うほど絶対に友達を部屋に呼べなくなること。**

もし気になるあの人がどれだけ仲良くなっても頑《かたく》なに家に上げてくれなかった場合、その人はオタクかもしれません。

CHAPTER 2

ポンコツは国民の財産

今、私たちが求めるのは高嶺の花より「蒸気でアイマスク」です

ポンコツっていいですよね。

シンプルに言ってめちゃくちゃ失礼な言葉なのに、今やすっかり推しの愛されキャラを表す重要なワードにのし上がった感のある「ポンコツ」。**ここでいう「ポンコツ」は決して実力がないという悪口の意味ではなく、ちょっとヌケていたり、おとぼけだったり、そういう天然で、頼りない一面をトータルして「ポンコツ」と言います。**

僕が最初に「ポンコツ」を意識したのは、岡田将生《おかだまさき》さんでした。181㎝の長身に、本籍はギリシャ神殿と言われても「だよね」と納得してしまう整った顔立ち。一見す

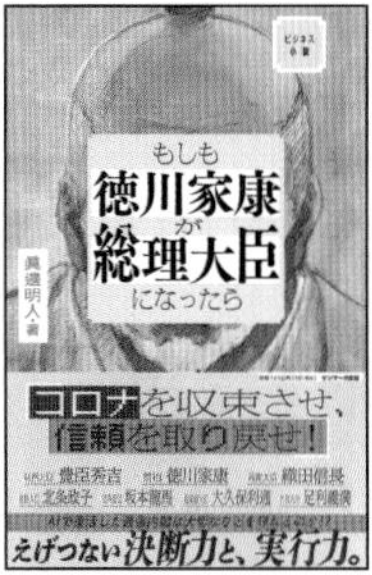

ビジネス小説　もしも徳川家康が総理大臣になったら

眞邊明人　著

コロナ禍の日本を救うべく、「全員英雄内閣」ついに爆誕！　乱世を終わらせた男は、現代日本の病理にどう挑むのか？　時代とジャンルの垣根を超えた歴史・教養エンタメ小説！

定価＝1650円（10%税込）978-4-7631-3880-4

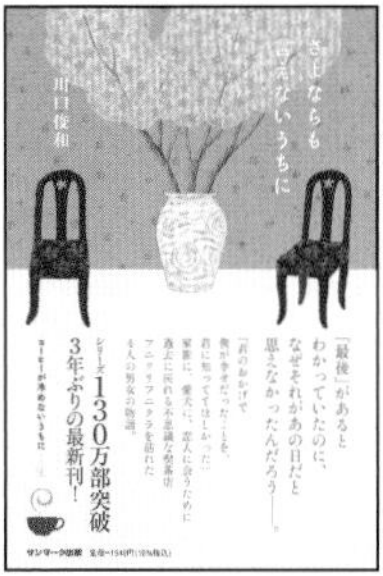

さよならも言えないうちに

川口俊和 著

「最後」があるとわかっていたのに、なぜそれがあの日だと思えなかったんだろう—。
家族に、愛犬に、恋人に会うために過去に戻れる不思議な喫茶店フニクリフニクラを訪れた4人の男女の物語。シリーズ130万部突破。3年ぶりの最新刊！

定価＝1540円（10%税込）978-4-7631-3937-5

血流がすべて解決する

堀江昭佳 著

出雲大社の表参道で90年続く漢方薬局の予約のとれない薬剤師が教える、血流を改善して
病気を遠ざける画期的な健康法！

定価＝1430円（10%税込）978-4-7631-3536-0

電子版はサンマーク出版直営

よけいなひと言を好かれるセリフに変える言いかえ図鑑

大野萌子 著

2万人にコミュニケーション指導をしたカウンセラーが教える「言い方」で損をしないための本。人間関係がぐんとスムーズになる「言葉のかけ方」を徹底解説！

定価＝1540円（10%税込） 978-4-7631-3801-9

ぺんたと小春《こはる》のめんどいまちがいさがし

ペンギン飛行機製作所 製作

やってもやっても終わらない！
最強のヒマつぶしBOOK。
集中力、観察力が身につく、ムズたのしいまちがいさがしにチャレンジ！

定価＝1210円（10%税込） 978-4-7631-3859-0

100年足腰

巽 一郎 著

世界が注目するひざのスーパードクターが1万人の足腰を見てわかった死ぬまで歩けるからだの使い方。手術しかないとあきらめた患者の多くを切らずに治した！
テレビ、YouTubeでも話題！10万部突破！

定価＝1430円（10%税込） 978-4-7631-3796-8

ると パーフェクトな彼が、綾瀬《あやせ》はるかさんと一緒に**囲碁の石を使ってオセロをしようとして、石をひっくり返して初めて「碁の石は表も裏も同じ色」ということに気づいて「だめじゃん」となった話**を聞いたときは、もう好感度が爆上がりしました。

仕事柄、いろんな若手俳優にインタビューをするのですが、小話がてらにポンコツエピソードなどを聞いてみると、読者の反応もいい。「よく財布を忘れる」とか「絶対に待ち合わせ時間に遅れる」みたいな、これが『さんま御殿』だったら確実にさんまさんに叱られるぞという平凡な回答から、「スキップができない（岡田将生）」「間違えてざるそばをフーフーして食べた（岡田将生）」みたいな、構成作家がバックに入ってるんちゃうかと疑うものまで。掘れば掘るほど、どんどんポンコツのことが好きになっていきます。

これに近いかたちで、クズという属性も一時期栄華を極めた感がありました。**これは実際に推しがクズであるという意味ではなく、クズ男が持っているだらしなさや破滅的な香りを「色気」に変換して出せるかどうか、を指しています。**わかりやすいのが、キスシーンにおける手の位置がやたらいやらしいとか、トーク番組などでふとしたときに見せる対応のSっ気がたまらないとか、そういうの。高橋一生《たかはしいっせい》さんあたりはこういうクズみのある役どころを演じさせると抜群にうまいですし、最近の若手でいえば成田凌《なりたりょう》さんは言動から匂い立つクズっぽさが魅力になっています。

が、ここ最近の不倫騒動だなんだで、男のクズさが改めて浮き彫りになった今、せめて推しくらいには夢を見させてほしいという機運が上昇。実在する俳優界ではポンコツ1強時代に入った感があります。

推しのポンコツエピソードは、クタクタな日の「蒸気でアイマスク」

たぶん20年前くらいは美形の俳優のポンコツ具合を愛でる文化って、そこまでメジャーではなかった気がするんですね。反町隆史《そりまちたかし》さんも竹野内豊《たけのうちゆたか》さんも常にカッコよかった気がする。翻《ひるがえ》って今の僕たちは隙あらばイケメンたちのポンコツを探そうとしている。なんだったら竹野内豊さんなんて最近のCMではカッコいいけどちょっとヌケてるおじさんばっかり演じている気がします。

それはきっと昔に比べて、芸能人により親しみやすさを求めるようになったという文化の変化もあるでしょうが、**何よりの理由は今いちばん僕たちがほしいのは癒しだから。１９９０年代後半から２０００年代前半にかけて、癒し系ブームというのが芸能界で巻き起こりました。**その筆頭が飯島直子《いいじまなおこ》さんであり、井川遥《いがわはるか》さん。バブル崩壊後の長引く不況が、サラリーマンたちの心をクタクタに疲弊させたのでしょう。おじさまたちはこうした癒し系タレントたちに心のオアシスを求めました。その女性版がポンコツなのではないでしょうか。

女性の社会進出が一気に進み、何かと輝くことを求められる今日この頃。女性たちは仕事では成果を求められ、それと同時になるべく早くに結婚し子どもを産むようにプレッシャーをかけられています。子どもを産んだら産んだで、次に迫られるのは仕事と育児の両立。もうとにかく各方面からの圧が強すぎて、いつまでもゴールに到着しない水泳みたい。すごい勢いでクロールしてんだけど、むしろちょっとずつプールサイドの方が遠ざかっていってない……？　って感じがする。

そんな息継ぎするのもクタクタの日々に、高嶺の花なんざ何の栄養にも腹の足しにもならないわけで。**ほしいのは、休足時間であり蒸気でアイマスクなのです。**つまり、鑑賞品でありながら癒しという実用性も求められるのが、今の推し。だから存在しているだけで癒されて、パンパンに気が張りつめた1日の終わりにクスッと笑わせてくれるようなポンコツの需要が高騰しているのではないでしょうか。

ちなみに先日、俳優の岡田健史《おかだけんし》さんが「コロナ禍」を「コロナうず」と読み間違え、SNSを沸かせていました。真面目で礼儀正しい彼がのぞかせた突然のポンコツ感。あのとき、改めて確認しました。令和のスターの条件はポンコツだと……!

CHAPTER 2

推しの私服問題

英字プリントシャツの推しを見たとき、好感度がZoomの株価くらい爆上がりした

推しの私服がダサいの、あなたはアリですか、ナシですか。ここで僕は120デシベルくらいの音量で申し上げます。推しには私服がダサくあってほしい……！

ご本人が気にされているかもしれないので、特定を避けるように書きますが、ある推しは私服がわりとダサめです。Tシャツにはだいたいよくわからない英字がプリントされているし、なぜか羽根とか十字架があしらわれてる。肩口によくわからないチャックとかついてるし、襟元だけチェック柄だったりする。オ、オカンが買ってきたのを着てるのかな……？　と震えながら詳細を調べてみたところ、どうやら本人が買ってきた模様。その瞬間、好感度がZoomの株価くらい爆上がりした。

やっぱり人間たるもの、ちょっとヌケてるところがあるぐらいの方が愛らしいというもの。普段から礼儀正しくスマートで、常に結果を出し続ける推しが、私服はダサいというこのウィークポイント。**人類観測史上最高のギャップ萌えです。**

雑誌に登場するときは、一流のスタイリストさんの腕によりハイブランドを颯爽《さっそう》と着こなし、カッコよくポーズを決めるその裏側で、私服に着替えたら英字シャツかと思うと、誌面を眺める目もちょっとニマニマしちゃいます。なんならそのうち最高級にスタイリングされたキメキメの推しよりも、パンツをロールアップしたら裾がチェック柄の推しにときめいてくるから人の心は不可思議。

そして、そんな推しが世間に揉まれたのか徐々にファッションセンスが磨かれていくのを見守るのもまた一興。ヨウジヤマモトをモードに着こなす推しを見て、雛鳥の巣立ちに似た思いを抱くのです。

CHAPTER 2

推しが売れるよりも大切なこと

サステイナブル社会に掲げる、推しに求める新基準

若手俳優を推すという生活を始めてからというもの、日々推しに対して「売れろ～売れろ～」と念仏を唱え続けているわけですが、最近そのスタンスもじんわり変わってきた感があります。

今はむしろ売れることよりも「【1】この仕事は推しの合意形成がとれているか」「【2】推しが心身ともにヘルシーな状態をキープできているか」「【3】ちゃんと事務所と将来のビジョンを共有しながら仕事ができているか」みたいなことの方がめちゃめちゃ気になる。推しには日本中の誰もが知っているスターになるよりも、日々健康に幸せに生きていてほしい。

若手のうちは来た仕事は断れないだろうし、なかなか自分の意思で仕事を選べないのが実態。中にはきっと推しとしてもあまり気乗りのしない仕事もあるのかなと、こちらが勝手に胸を痛めるわけです。せっかくやりたいことをやるために、芸能界というギャンブルな道を選んだのだから、推しにはやりたいことをやってほしいし、やらせてあげたい。**オタクが推しのために財布を開くのは、半分は当然自分の欲望を満たすためなんですけど、もう半分は推しがやりたいことをやれるだけの権力（業界的なポジション）を築く人柱となるためです。**

出会ったのは商品である推しだけど、恋をしたのは人間である推しなのです

芸能界といえばいまだに「今年に入って1日も休みがない」「毎日睡眠時間は1時間半」みたいな劣悪な労働環境が、武勇伝かのように語られがちな世界。推しも商品である側面は否めないわけで、ここが売りどきと判断されたらガンガン酷使されるのも、ある程度理解はできること。でもだからこそ、ちゃんと寝てほしいし、おいしいものを食べてほしい。少しずつ笑顔がぎこちなくなっていく推しなど……わしは……わしは……見とうはないのじゃ（号泣）。

とは言え、どんなに熱心に推したところで、オタクは推しの体調管理はできないですし、どの仕事を受けるかジャッジする権限も当然ありません。だから、めちゃくちゃ事務所のことは気にします。マネージャーさんはちゃんと推しのことを考えてくれる人だろうか。推しはマネージャーさんに何でも胸の内を話せているだろうか。完全に息子が上京して4日目くらいの母親の気持ちです。

よくオタクが事務所に対して感謝の意を表すために「お歳暮を贈りたい」というフレーズを用いますが、あそこには「いつも推しがお世話になっております」という気持ちと同時に、お歳暮の箱の底は二重になってて、仕切りを抜いたら「てめえ、うちの推しをないがしろにしたらただじゃすまねえけどわかってんだろな」という趣旨を丁寧な日本語でしたためた文が入ってたりします。オタクの信頼、脅迫と紙一重みたいなとこあるから。

そして、なぜこんなにも売れることより、推しが納得していること、健やかであることを大事にしたいのかというと、たぶん自分がそういう価値観に転じつつあるからなのでしょうね。バリバリ仕事で成功したい。出世してお金や地位を掴みたい。ほんの数年前まではそんな欲の塊でした。でもいつの間にかお金や知名度もあるに越したことはないけれど、そのために自分がすり減ったり日常生活がままならなくなるのは違う。

仕事のために人生があるんじゃなくて、人生があって、その中の一部として仕事がある。そんなふうに僕もですし、多くの日本人が考えるようになったからこそ、推しのための幸せの基準も変化しつつあるのでしょう。そう考えると、推しはある意味自分自身の鏡なのかも。

かけがえのない推しですから、一瞬の打ち上げ花火のように散ってもらっては困るのです。末永く推す喜びを味わっていくためには、サステイナビリティが第一。そのへん各事務所の関係者さま、くれぐれもご留意願いたい。**確かに僕たちが出会ったのは商品である推しだけど、恋をしたのは人間である推しなのです。**

CHAPTER 2

オタクの育成願望の正体

僕たちを突き動かす「もっと評価されるべき」というエネルギー

ゲームに詳しくない人でも、タイトルは耳にしたことがあるであろう『刀剣乱舞－ONLINE－』。その概要を完結に説明すると、名だたる刀剣が戦士の姿となった「刀剣男士」を収集・育成するシミュレーションゲームです。同じくリリースから3年を経た今も根強い人気を誇るのが『A3!《エースリー》』。こちらは、個性豊かな劇団員を育てるイケメン役者育成ゲームです。どちらも見目麗しきキャラクターを、プレイヤーが育てる点にゲームのおもしろさがあります。

3次元の世界に視点を移してみても、昨年からブームを起こしているボーイズグループ・JO1《ジェイオーワン》は、日本最大級のオーディション番組「PRODUCE 101 JAPAN」が

出発点。視聴者である〝国民プロデューサー〟がデビューする11名を決定しており、育成要素バリバリ。そもそも「推す」という言葉自体、対象を支援するという主体性がベースになっていますし、そこにはまだ未完成のもの、発展途上のものを育てるニュアンスが多分に含まれています。

今、なぜ僕たちはこんなにも育てたいのでしょうか。

育成願望という意味でよく例に挙げられるのが、『プリティ・ウーマン』。リチャード・ギア演じる実業家のエドワードが、ジュリア・ロバーツ演じるコールガールのヴィヴィアンを洗練された淑女に変身させるシンデレラストーリーです。

女性も生涯働くことが当たり前とされる時代。まだまだ完璧に男女平等とは言えませんが、実力と環境がそろえば男性同等あるいはそれ以上の年収を稼ぐことも可能にはなりました。そう考えると、僕たちが持つ育てたい願望は、逆プリティ・ウーマンと言えるのでしょうが、なんか違う。

それは、エドワードが持っているような「ヴィヴィアンを自分色に染めたい」という支配欲がないから。僕たちが推しに抱く育てたい願望はどちらかと言うと、インターネットの世界で古くから用いられている「もっと評価されるべき」というフレーズの方が近い気がします。

こんなにも美しいのに、こんなにも才能があるのに、なんで世の中にこんなに知られていないのか。ならばせめて自分が拡声器となって推しの良さを世に広め、自分を踏み台にして推しにのし上がってほしい。僕たちが抱く育てたい願望には、自分好みに育てたいという意志はかなり希薄。そこがエドワードとの違いな気がします。

自分にガラスの靴は用意されていない。だからこそ、もっと推しを推したい

じゃあなぜこんなにも「もっと評価されるべき」と思ってしまうのか。そこには、いいものがちゃんと評価されない、がんばっている人が報われない社会に対する怒りが含まれている気がします。その最たる例が、自分自身。なるべく円滑に物事が進むように細かいところまで心を砕いたり、みんなが気持ちよく過ごせるように配慮に配慮を重ねたり。僕たちの仕事って、そういう目に見えにくい工夫と努力の連続で成り

立っています。だけど、そういうのって、なかなか気づいてもらえないし、評価の対象にもならない。

それよりも、アピールのやり方がわかりやすい人だったり、上司と仲良くなるのがうまい人だったり。そういう人が、会社ではいいポジションにつきがちで。もちろんそれはそれでひとつの特質です。うらやましいなら自分も真似をすればいいのだけど、それができないから余計に悔しいわけで。だからこそ、すごいポテンシャルがあるのに日の目を見ない人を見つけると、「もっと評価されるべき」と思ってしまう。自分が力になりたいという使命感に駆られてしまう。

推しが評価されたら自分のこと以上に泣ける

もしかしたら、僕たちの育てたい願望の裏側にあるのは、ただの自分の代理戦争なのかもしれません。だけど、それもわかったうえで力いっぱい推していきたい。だって、現実の世界は甘くなくて、ある日突然誰かが自分のがんばりを見つけて引き上げてくれることなんてそうそうない。全員にガラスの靴は用意されていないのです。

でも、もし推しが何かのきっかけでものすごく売れたら。人の夢に便乗していることは承知のうえで、それでもちょっとぐらいは自分のがんばりが報われた気がする。なんだか自分のこと以上に泣ける気がする。

紳士なふりをしてエゴむき出しのエドワードと、自分の人生の欲求不満の解消道具として推しを消費する自分自身。育てたい願望の行き着く先なんて、どっちも褒められたものじゃありません。だけど、その浅ましさも認めたうえで、推しに対しては「もっと評価されるべき」と声をあげていきたい。いつか推しがブレイク俳優としてガン取り上げられる日をこの目で見たい。

自分の人生に大逆転劇なんて訪れないことくらいもうわかりきっていて、それでもこの世界はそんなに悪いものではないって信じさせてくれるのが推しだとしたら。**推しがくれるものは、甘いときめきとか、疑似恋愛とかじゃなくて、もう一度本気で夢を見るための勇気なのかもしれません。**

CHAPTER 2

オタクライターの仕事の流儀

推しの前では「スンッ」となります

ありがたいことに、仕事柄、推しを直接取材することもあります。僕のテンションの高い作品実況SNSやレビュー記事をご覧になっている方の中には、「この人、推しに会って正気でいられるの……？」とお思いの方もいるかと思うのですが、安心してください。**めちゃくちゃ無です。**「スンッ」っていう表現がいちばん近い感じ。口が裂けても「ファンです」なんて言わないし、インタビューの合間にちょいちょいマニアックなエピソードとかを出して「あなたのことはよく知っていますよ」アピールをすることもない。やたら興奮して前のめりになることもないし、なんとか気に入ってもらおうと媚びを売ることもない。普通にしています。

なぜなら——僕はそもそも認知されたくないオタクだから。

当たり前ですが、取材現場では推しとオタクである前に、インタビューイとインタビュアーの関係。そこは公私混同したくないし、インタビュアーの立場を職権乱用するような行為も、他のオタクのみなさまのことを考えると言語道断。

逆に、全然推しじゃない俳優さんの取材のときの方が、現場を盛り上げるためにテンション高く振る舞うことがあるくらい、対推しに関しては過剰に平静を装います。

が、しかし。ここでややこしいのが、僕自身が直接本人にカミングアウトしていなくても、SNSなどいろんな経路から推しバレしているパターンです。これがめちゃくちゃ厄介で、推しの中にはフレンドリーな性格の人もいるので、そういうタイプの人はあちらの方からいろいろ親しげに話しかけてくれたりするわけです。いい人。さすが僕の推し。

でも、正直、ライターの皮を剝げばただのオタクなので、推しに話しかけられても困る。表面上は皇室ばりの優雅な微笑みで対応してるけど、内心はめちゃくちゃ動揺してる。せっかくあちらから気を遣って話しかけてくださっているのに、こういう性根なもんだから、距離のある対応しかできない。でも気持ち的には3体くらい屍《しかばね》ができてる。

写真撮影に立ち会うことがあっても、推しのかっこいい瞬間をガン見とかできない。ポーズのリクエストをするなんて絶対無理。ちらっと横目で見ながら、「生きてる……」「動いてる……」って生存確認するので精一杯です。

推しだからこそ、絶対に特別扱いはしない

さらにもっと複雑なのが、推し自身も僕が推していることを知っていながら、そこには一切ふれず通常営業してくるパターンです。これはこれで、「さすが僕の推し、気が合う」って、同じ属性の人間であることに対してそこはかとなく安堵感を覚えるのですが、お互いに「推している／推されている」ということを理解しつつ、そのことには一切ふれずにビジネスライクに取材を進める、この微妙な照れ臭さ。**経験したことがないのでわかりませんが、オフィスラブってこんな感じなんでしょうか？**

だって、仕事中だからめっちゃ何でもない相手みたいな感じでお話ししていますけど、家に帰ったらこの人の写真集をデカデカ飾ってるし、ブロマイドは束で保管され

ているし、なんならスマホのカメラロールはこの人の画像だらけなんだけどな〜と思うと自分の二重人格みがやばくて頭爆発しそうになるし、そのことを一切感じさせずに平常運転してる僕、絶対詐欺師になれると思う。次の『コンフィデンスマンＪＰ』のゲスト、僕では？　あなたも絶対騙されるのでは？

いずれにせよ、推しだからこそ、仕事では絶対に特別扱いしないというのが自分なりのポリシー。もちろん文章に愛情は込めますが、そこに他の推しじゃない俳優さんのことを書くときとの差が出てはいけないと常に自戒の念を込めています。舞台のレポートやドラマのレビューを書くときなんて、なんだったら推しに対してのジャッジはあえて辛口になるぐらい。

　読む人の中には、僕がその人を推していることを知っている方もいると思うので、自分ではしていないつもりでも、贔屓目に見て書いているように映ることもあると思うのです。だからこそ、作品の中で推しが他の出演者さんと比べていい演技をしていなければ言及はしない。その分、いい仕事をしていれば適正に取り上げる。そのバランス感覚を忘れないことが、オタクをやっているライターの鉄則です。

CHAPTER 2

同性が同性を推すしんどさ

「横川良明　性別」で検索されている悲しみ

日頃から「イケメンが好き」「イケメンが好き」と、「おはよう」ぐらいのカジュアルさで口にしている僕ですが、冷静に考えると37歳のおっさんが「イケメンが好き」と言っているのは、なかなか奇異だなと思うわけです。

その証拠に「横川良明」でGoogle検索すると関連する検索キーワードで真っ先に挙がっているのが「横川良明　性別」。どう見てもおっさんなのに、それでも「性別」と検索せざるを得なかった方々の気持ちを思うと、本当奇っ怪な生き物がデカい顔してのさばっててすみませんと頭を下げたくなります。

そんな僕も、昔から「イケメンが好き」と公言していたわけではありません。むし

ろその逆。僕の「イケメンが好き」属性は長らく風呂場の排水溝あたりにそっと沈められていたものでした。というのも、基本的に男性が「男性アイドルや男性俳優を好き」と言うことに対して当たりが良くないのが日本社会。90％くらいの確率で「ゲイなの？」と尋ねられます。

ゲイであることは決して恥ずべきことではありませんが、「男性俳優が好き＝ゲイ」と直結する図式に短絡さを感じますし、他者の性的指向に土足で踏み込んでいいと思っている無神経さもいただけません。

今でこそモラルと語彙力で武装して、こういう差別めいた偏見に対抗できるようになりましたが、やっぱり小・中学生ぐらいの頃はしんどかった。なので沈めた、風呂場の排水溝あたりに。言葉にできないモヤモヤと一緒に。

ありがたいことに、ここ数年はそれぞれの多様性を尊重しようという空気が社会全体に広まり、おっさんが「イケメンが好き」と言っても少なくとも人目につく場所で石を投げられることはなくなってきましたが、さりとてやはりマイノリティであることは確か。

推しの舞台を観に行っても、劇場は女性でいっぱい。9割9分9厘、女性です。たまに男性を見かけると、それは大抵どこぞの若手俳優なので、それはそれで違う世界の住人。ますます肩身の狭い思いがします。

劇場で自分の席についたときも、やっぱり両隣の人が一瞬動揺する感じが伝わってくるんですよね。でもそれは悪気があるわけではないので仕方のないこと。基本的に、自分が圧倒的なマジョリティに属している場所に異分子が入ってきたら、人は警戒するものです。

そうすると困るのが、オタク同士のつながりをつくりにくいことです。中でもいちばん難儀なのが、チケットの取り引き。オタクの世界には、手元に余らせたチケットを個人間で取り引きする文化が定着していますが、やっぱりこのとき相手が男性だと女性側もちょっと怖いかな〜と思うのです。

特にこうした個人間の取り引きは郵送で完結する場合もゼロではないですが、直接手渡しになるケースも多々。見ず知らずの男性と落ち合うのって、女性の立場からすれば少なからず恐怖が伴うだろうなと察します。

しなくてもいい精神的負担を相手にかけることを考えると申し訳ないなという気持ちが先に立ち、こうした個人間取り引きはほとんどやったことがありません。結局、チケット戦争はいつも1馬力。多勢に無勢とはまさにこのこと。

劇場に着いたあとも、いざ席に座ってしまえば、あとは上演を待つだけなので、そこまでこちらもしんどくはないのですが、いちばん羞恥心に苛《さいな》まれるのが、物販の行列に並んでいるとき。華やぐ女性たちの並びにちょこんとひとりおっさんが交じる光景はどうしたって目立ちますし、誰もそんなこと言ってないはずなのに「あの人、ブロマイド買うんかな？」と後ろ指を指されているような気持ちになります。**買うで！**

おっさんがカジュアルにイケメンを推せる世界へ

これはあくまで個人の所感ですが、女性が女性芸能人を推すことはそこまで訝《いぶか》しげに見られていない気がします。それこそ昔から聖子ちゃんカットを真似する女の子とかめちゃくちゃいたでしょうし。モーニング娘。だってAKB48だって、もちろん数で言えば圧倒的に男性ファンが多いのでしょうが、女性ファンの存在もまま見受けられました。

けれども、男性が男性芸能人を推すことに関しては、変わり者扱いされやすいのが現実。最近では歌《うた》広《ひろ》場《ば》淳《じゅん》さんや青《あお》木《き》源《げん》太《た》アナウンサーの活躍により、男性が男性を推すことも一時期よりはメジャーになってきた気がしますが、あれは有名人（プラスご本人の見た目が良いので、そんなに悪印象を与えない）だから受け入れられている部分も多く、ごく普通のおっさんがごく普通にイケメンを好きというのは、まだまだオープンにしにくいもの。気分は隠れキリシタンです。

僕はこういう仕事をしているので、握手会やバスツアーなど接触の伴うイベントには行かないと決めているのですが、僕でなくとも、**男性芸能人のイベントに男性ファンが参加することが、ごく普通の世の中になったらいいなと思います。**イケメンは、世界遺産。モン・サン・ミシェルを敬愛する気持ちに性別の差はないのです。

CHAPTER 2

語彙力のあるオタクのススメ

宿せ心に三島由紀夫

人間はつくづく便利さを求める生き物だと思います。もうすっかりスマホがない時代には戻れないし、電車に乗るのにいちいち切符を買ってたなんて信じられない。たぶんあと少ししたら完全に電子マネー生活に切り替わって「小銭って何？」みたいになってる自信がある。

言葉もそうです。人はどんどん便利にしたがる。「危ない」のも「楽しい」のも全部「ヤバい」で表現され、あらゆる感情の高まりはすべて「エモい」でまとめられる。そして**オタクたちは推しを見ると「無理」「待って」「しんどい」くらいしか言えず、作品を観たあとは「最高」「良すぎる」「死んだ」の三言ですべてを語ろうとする。**

オタクの言う「顔がいい」はパンドラの箱に残った最後の一粒

その中でもトップオブトップが「顔がいい」です。簡潔すぎて3歳児くらいでも使える。このルッキズム時代に真正面から人の容姿に対して評価するなんて、という罪悪感を抱えつつ、オタクは果敢に「顔がいい」「顔がいい」と言い続けています。

翻って、そんなふうに「顔がいい」と称え続けられている俳優たちの心理はというと、もちろん素直にうれしいと喜んでいる人も大勢いますが、一方で「顔だけで評価されたくない」「もっと芝居を見てほしい」と思う人もそれなりの数がいるようで。この「顔がいい」はそんな彼らの努力やプライドを無効化する威力があります。

ここが、オタクと若手俳優の悲しいすれ違い。こちらとて確かに顔は沼の入り口ではあるものの、その沼に溺れ続けるには顔だけでは足りないのです。顔のいい芸能人なんて次から次に出てくるのが芸能界。それでも飽きずに推し続けるには、顔以外のあらゆる面まで好きにならないと無理。

だがしかし、推しにふれると語彙力が消失するのがオタクという生き物。つまり、**この「顔がいい」には「演技もうまいし歌もうまいし踊りもうまいしおもしろいし声もいいし性格も優しくてまわりに対して気が遣えて礼儀正しくて男気があって、なのにちょっとヌケてるところがあって、そのポンコツさも含めて全部いとしい無理」という推しに対する賛辞の一切合切が盛り込まれており、それらがパンドラの箱みたいに開けた途端、一気に飛び散って、かろうじて残った最後の一粒が「顔がいい」なのです。**

とは言え、それをすべて推しに察してくれと委ねるのもあつかましい話。推しだって人間ですから、自分がいちばんがんばっていることを褒められたら絶対にうれしいはず。そういう喜びの積み重ねが、浮き沈みの激しい人気稼業で長く活動できるモチベーションにもなるのです。

だから、推しにサステイナブルに活動を続けてもらうためにも、便利さに逃げず、オリジナルな言葉で想いを表明したいもの。千里の道も一歩から。まずは「無理」「待って」「しんどい」を禁止にするところから始めましょう。

推しの良さを表現するために、なりきれ三島由紀夫

大事なのは、とにかく解像度を上げること。ふわっと「よかった」ではなく、自分の心がどの瞬間に動いたのか。それはなぜなのかを言語化していくだけで、推し活はまた一段と楽しいものになります。

そこに、恥じらいやためらいなど必要ありません。気分は文豪。三島由紀夫《みしまゆきお》です。デッサンに臨む画家のように、推しの美しさを観察し、その美の構造を的確に捉え、自分の言葉で書き連ねていく。それが、言語化の楽しさ。最初のうちは面倒くさくて「無理」でまとめたくなりますが、そこで便利なロープウェイに乗らず、あえて不便な山道を登ってこそ、山頂の絶景を味わえるというもの。**脳内に浮遊する有象無象の言葉から推しの良さを正しく言い表す言葉が浮き上がってきたとき、心の金閣寺が激しくきらめくのです。**

やっぱり自分のことをちゃんと見てくれているのって、すごくうれしいと思います。

これはよく若手俳優を取材する立場から申し上げますが、ファンからの言葉が力にならない方なんていません。ファンレターは必ず目を通すとおっしゃる方も多いですし、おおっぴらには言いませんが、SNSをチェックしているという話もよく聞きます。

言葉は、私たちが推しに贈れるいちばんのプレゼント。大切な推しだからこそ、とっておきの言葉を集めて、丁寧にラッピングし、優しい色のリボンを添えて届けたいものです。

CHAPTER 2

「推しが尊い」に見る推しの存在意義

今、僕たちに必要なのは神様なのかもしれない

推しに対する語彙は多いに越したことはないと思う僕でも、これには白旗だなと思う言葉、それは**「尊い」**。

推しに対する感情を最初に「尊い」と表現した人、誰なんでしょうか。ぴったりすぎて、なんでそんな心の中を上手に言葉にできるの？　あいみょんなの？　ってなる。

猫も杓子も二言目には「推しが尊い」と言う世の中。僕の記憶が確かならば、「尊い」ってそれまではそんなにメジャーな語彙ではなかった気がするんですよね。少なくとも日常の会話でポンポン出てくるような単語じゃなかった。それがもうすっかり市民権を得てる。狂犬だったはずの加藤浩次《かとうこうじ》さんが朝の顔になっているのと同じくらいの変

わり身。こちとら全然スッキリしません。

ただ、推しに関するあのドデカい感情は確かに「尊い」と言うしかないんですよね。**「好き」だとちょっと身近な感じ。そんなただの胸キュンだけで、こちらもオタクはやってねえ。もっとひれ伏すとか崇《あが》めるとか、そういう崇拝や畏敬に近い感情。それを平たい言葉にすると確かに「尊い」しかなくて。**もっかい言うけど、最初に「推しが尊い」って言った人、今からでもいい、名乗り出てくれたら何かいいものをあげます。

そもそもこの「尊い」というフレーズ。「推しが尊い」という定型句が巷《ちまた》に広まる以前は、どちらかと言うと「命」とか「自然」とか、とにかく偉大なもの、それこそ神々に近いものを修飾するための形容詞だった気がします。

試しに大辞泉を引いてみると、「崇高で近寄りがたい。神聖である。また、高貴である」という意味だそう。例文には「―・い神仏」とあった。

そこまで調べてみて、僕たちがつい「推しが尊い」と口にしたくなる理由のひとつが見えた気がした。**ガチ恋だとか夢女子だとかいろいろあるけど、僕たちが今こんなにも推しを求めるのって、「神様がほしいから」では？**

実は、推しにいちばん近い単語って、「恋人」でも「息子」でもなく、「神様」なんじゃないでしょうか。そう考えたら、ついつい「尊い」という言葉が口をついて出てくるのも頷けるし、うっすら推しから後光が差しているのもさもありなん。神様だから熱愛発覚とかすると嫌だし、品のない発言やだらしのない態度を目にするとがっかりしてしまうのです。

基本的に無宗教国である日本。僕たちの多くは特定の神様を持ちません。だから何かあったときに祈りを捧げる相手もいないし、敬う対象も特にない。それは身軽な反面、時に寄る辺のなさもあって。この面倒くさい人生を生きていくには、大なり小なり信じるものが必要だし、すがりつける何かがほしい。迷ったり悩んだりしたときに必要なのは、自分を救ってくれる信仰の対象。だから、僕たちは神様を求める。

とんでもない不幸に遭遇したとき、理不尽に心を打ち砕かれたとき、それでも人間が正気を失わずにいられるのは、神様に救済を求めるから。神への信仰が、心の均衡を保ってくれているのです。

推しの存在も同じで。**雑多な日常に僕たちがなんとか潰されずに生きていられるの**

は、今日も推しがどこかで元気にがんばっていると思えるから。いつか推しと会える日が来るまでまたがんばろう。そんな推しへの信仰が、エネルギー源。

オタクたちが課金を「お布施」と呼ぶ理由

神様はいつも見ている。その視線が、救いにも戒めにもなる。推しだって同じです。推しがいつも見ている。そう思ったら悪いことなんてできない。推しの「明るくて礼儀正しい子が好き」なんて一言が、オタクの行動規範になったりします。それはもう神の啓示のようなもの。善行に励むことが来世の幸福につながると神が教えたように、オタクたちは徳を積むことで入手困難のチケットが当たると信じている。

神様が生きる勇気をくれるように、オタクにとって推しは生きる理由そのものなのです。

推し=神様と考えると、推しに課金することを「お布施」と呼ぶのもしっくり来ます。そして、神様にお布施を払ってるんだと思うと、多少の出費も献金っていう感じがして、めちゃくちゃ筋が通っているもののような気がしてきた。そう、これは無駄遣いでも浪費でもなく、神へのお供え。

そう考えると一気に課金が正当性のあるものに思えてきたので、これからもじゃんじゃん推しにお布施を払っていきたいと思います！

CHAPTER 3

オタクのクライシス

CHAPTER 3

推しが結婚したオタクの遺言

その日、僕は粛々とシーツを干した

推しが結婚をした。

若手俳優を推していれば、そんな日が来ることもあるだろうと、うっすら覚悟はしていました。ただ一方で、なんとなくその日は自分には来ないような。我が推しの生きる世界線にだけは入籍とか婚姻届とかそういう概念はないような。ほとんど現実逃避の妄言に希望を託していたりもしました。

ガ、シタ、ケッコン、オシガ、シタ。

そらね、片言にもなりますわ。

そのお知らせは、ある日突然やってくる。僕の場合はYahoo!ニュースでした。「瀬《せ》戸《と》康史《こうじ》、山本《やまもと》美月《みづき》と結婚へ」。なんて簡潔で冷血な見出しでしょうか。「瀬戸康史、山本美月と結婚へ」。まずはその一文をじっくり噛みしめる。そして、それからもう一度意味を確認する。「瀬戸康史、山本美月と結婚へ」。

次の瞬間、僕がとった行動は、シーツを干すことでした。

もうそれはそれは淡々とベッドからシーツを剥いでた。人は許容範囲をオーバーする情報を受け取ると、なんとか脳を正常な状態に戻すべく、ごく日常的な作業に走ろうとするんでしょうね。粛々と洗濯機を回し、物干し竿にシーツをピンッと張って、眩しい夏の日差しを浴びながら、改めてさっき入力された情報を整理しました。

推しが結婚をした。

つっら。毎回予防線みたいにこう言うのもなんですけど、本当に、ガチ恋ではないと思っていたのです。だって、瀬戸康史さんですよ。僕のような平民がガチ恋をしていい相手ではない。並びとしては、キティちゃん、くまモン、瀬戸康史みたいな感じ。誰が見てもかわいくて、笑っているだけで心がなごんで、ほっぺたをむにゅーっとしたくなる。そういう存在です、瀬戸康史さんは。

なんならお相手とのことは以前から週刊誌でも報じられていましたし、お2人ともいい年齢です。そういうこともあるでしょうと。そのときは盛大にお祝いしようと。ワタナベエンターテインメント（※推しの事務所）に向かってライスシャワーを浴びせる気満々でおりました。

にもかかわらず、虚脱感がすごい。しかも、瀬戸康史さんに関して言えば第一報はマスコミによるスクープ記事で、両事務所はこれを否定。後日、正式にお2人から発表されるという、まさかの2回攻撃。ドラクエで言えば、1ターンでザラキを2回かけてこられた感じです。ご本人にも報告したいタイミングがあるでしょうし、不要な屍を増やさないためにも、できればこういうお祝いごとは公式の発表を待ってあげてほしい。

「推しには帰る家がある」

推しが人生の大きな決断をくだした。応援している身としては、最大限の祝福でその背中を押すのが筋。なのになぜ気持ちはこんなに複雑なのか。

その理由は人それぞれでしょうが、少なくとも僕の場合は嫉妬とはちょっと違う感じがします。自分が生涯の伴侶になれる可能性があるなんて思っていないですし、相手さまが嫌ということでもない。推しが選んだ人なんですから、いい方だと信じております。

じゃあこの埋めきれない空洞感の正体は何かと言うと、ひとつは突然推しが「人間」になったような気がするから。

もちろん推しは人間です。人格のある個人として尊重してきたつもりです。とは言えやはり自分の日常からは圧倒的に遠いわけで。感覚としては「太陽」くらいに思って日々生きています。常に空を見上げればそこにいてくれて、僕の行く道を暖かく照らしてくれる。そして「太陽」はみんなのものであって、決して誰かひとりのものにならない。そう思っていたはずの推しが突然公式に誰かのものになった。いきなり人間宣言をぶちこんでくるわけですから、オッケーオッケー、1回心の中を整理させてってなるのは仕方のない話。

そして、冷静に考えた結果、そっか、毛穴とかあったかー。帰る家もあったかー。って、一気に夢から覚めて、推しの存在が現実的に思えてくる。この突然の変化に対応しきれなくて、僕は打ちひしがれているのではないかと。

しかも、結婚のおそろしいところが、結婚を発表したその一瞬で終わりではなく、その後も結婚により変わってしまった推しを直視し続けねばならないことです。夜中にツイートが流れてきたところで、今までなら「わ、まだ推しが起きている」とテンションが上がっていたものが、結婚後は「あ〜、今これ横に伴侶がいらっしゃるのか〜〜」といちいちお相手の存在を向こう側に見てしまうし、もし推しが「うちの嫁が」

と言い出そうものなら、「あ、配偶者のことを嫁とか言うタイプなんだ」としなくてもいい幻滅をし、「そもそも嫁とは息子の妻のことを指すものであり、配偶者に用いるのは本来の意味を考えると不適切」とか日本語警察しそうで怖い。

公園で配偶者とブランコに乗っていたり。いつかお子様ができたら、お子様を肩車したり、運動会のために朝から場所取りをしているのを週刊誌に撮られたり。あとひと山ふた山越えたら、そんな配偶者がいる状態の推しに対して新しい喜びを見出せるようになるのでしょう。が、それにはもう少し時間がほしいところ。

「君と好きな人が100年続きますように」のフレーズを怨念を込めずに歌えるようになったら、また新しい推し活の楽しみを見つけられそうです。

CHAPTER 3

許せる熱愛発覚、許せない熱愛発覚

推しに純粋さを求めるの、いい加減やめにしたい

オタクというのは、つくづく勝手な生き物だなと思います。なぜなら、同じ推しの熱愛発覚でも、許せる熱愛発覚と許せない熱愛発覚があるからです。

たとえば、瀬戸康史さんと山本美月さんに関しては、ショックはショックですが、お相手に対して怒りは一切ありません。むしろ心の底からお似合いだと思ってる。世間の反応を見ても、むしろこの結婚によっておふたりの好感度は上昇したと見て間違いないでしょう。

その一方で、同じ熱愛発覚なのにまったくオタクから祝福されないケースもありま

す。いろいろパターンはありますが、多いのはまずお相手の女性がギャル・ヤンキー系のとき。もうこれは完全に姑の感覚です。完全に偏見です。完全に偏見なことはわかったうえで、できればお化粧は濃いよりナチュラルな方がいいし、髪も金髪よりは黒がいい。息子の嫁にはできれば新垣結衣《あらがきゆい》さんみたいな子が来てほしいという勝手極まりない願望。自分の化粧や服装について他人からあれこれ言われるのは嫌なくせして、こういうときだけ思い切り化粧や服装で人を判断しちゃうのが人間の矛盾。だけど、やっぱり爪は短い方がいいし、敬語はちゃんと使えた方がいいのです。

もうひとつしんどいのが、めちゃくちゃ年下の女の子を選んだときです。特に推しがそこそこいい年齢だったときほど、このパンチはわりと効く。ブルータスよお前もかと、結局お前も若い女の子がいいのかと心のカエサルがガッカリするのを隠せません。若い女の子が悪いというわけではもちろんないのです。ただ、ひとまわり以上離れた相手を推しが選んでしまったときに、なんとなく推しの中にある隠しきれない「おじさん心」を嗅ぎ取ってしまうのです。

逆にめちゃくちゃ好感度の上がるお相手といえば、中学・高校時代の同級生というパターン。**中学時代からプロ棋士として活躍し、なかなか授業に出られなかった自分の代わりに、ノートをとって届けてくれた同級生と純愛を実らせ結婚した加藤《かとう》一二三《ひふみ》さんとか最高**です。

こうやって考えてみても、つくづく僕は推しに対して必要以上の純粋さを求めていることがわかります。本当、自分のこういうところどうかと思う。そんな自分の浅ましさに辟易《へきえき》しつつも、いつか来るかもしれない大切なお知らせに備えて、「どうか……どうか……お相手が新垣結衣さんでありますように！」と今日も神社へお参りに行くのでした。

CHAPTER 3

推しのスキャンダルをどう乗り切るか

それは即退場のレッドカードであり、一発逆転のロイヤルストレートフラッシュでもある

常々怖いものがある。それは、「いきなり推しがTwitterのトレンドに入ったとき」です。その瞬間、「不倫した？」「逮捕された？」ってなる。僕たちは常に推しが何かしでかす危険と隣り合わせで生きているのです。

この際、熱愛発覚はいい。胸に小さな痛みを抱えながら、ただただ幸せになってくれと西の空に向けて祈るのみです。でもそこに二股とかついてくると幻滅だし、不倫とかだったら、不倫の善し悪しは個人の倫理観に任せるとして、これだけ世の中が不倫不倫と言ってるのに、どうしていちばん手を出しちゃいけないところに手を出しちゃうのか、その軽率さにキャベツを延々千切りにしたくなります。こうした悲しい

スキャンダルは「クズバレ」と呼ばれ、俳優オタクの間では最も忌み嫌われるもののひとつです。

あとは失言。差別意識が見え隠れするようなコメントや、自分の人気やポジションを鼻にかけている発言が飛び出ると、まあ燃える燃える。みんなでマイムマイムでも踊り出すんじゃないかというぐらいよく燃える。そして、火だるまになっている推しを見ながら思うのです、さて自分はどうするべきかと。

推しの炎上から見える、オタクたちの人間性

推しが炎上したときの、オタクのリアクションはそれぞれです。まず二大勢力が、**「推しは悪くない派」と、「速攻担降り派」**。

「推しは悪くない派」は、徹底擁護の姿勢をとります。二股と聞けば「あれだけカッコよければ一夫多妻でもむしろ自然」とインドの大富豪のようなことを言い、失言に関しても「悪気があったわけじゃない」と今日び政治家でも見ないような居直りで強行突破。防御こそが最大の攻撃ともいうべきその強気、個人的には嫌いではないです。

「速攻担降り派」は、推しがクズバレしたり、どうしようもない失言をした瞬間、すぐさまグッズを処分します。これまで積みに積んで手に入れたグッズは即メルカリ行き。首都圏内ならキャスト館へGOです。この怒りとショックを1円でも多く現金化して回収したい、という有能さ、僕が社長ならすぐさまヘッドハンティングしたい。

ちなみに僕はある推しが不祥事を起こした日、頭がバグを起こして、気づいたら10万円の洋服を買ってた。これだから推しの不祥事は怖い。

また、ひと言で担降りと言っても、グッズを処分したからと言って、すっと気持ちを割り切れる場合もあれば、そうでない場合もあって。本気で推していたからこそ、自分がこの推しに投資した時間とお金は何だったのか、きちんと整理できないと前に進めない人もいます。

そこで巻き起こるのが、お気持ち表明です。これは明仁《あきひと》上皇が天皇退位の意思を表明される際に「お気持ちを表明する」という言葉が使用されたことから、以降、オタクたちの間で自分の意見を書き連ねることを指す言葉として急速に普及していきました。ちなみにこの場合の「お気持ち」は、ほぼほぼポジティブな文脈で使われるものではなく、自分はこのように不快に感じた、このように心身にダメージを与えられた、という抗議的な意味合いで用いられることがほとんどです。なので、だいたい荒れる。

そんな考えるだけで阿鼻叫喚《あびきょうかん》の地獄絵図を巻き起こす推しのスキャンダル。**何より辛いことは、降りるにしろ継続するにしろ、推しがあらゆるところから総攻撃されているのを見続けなければいけないことだなと思います。**

推しが極悪人扱いされていることが何より辛い

おそろしいかな、溺れた犬を沈むまで棒で叩くのが今の世の中。スキャンダルを起こすということは、一定期間その人のことを思う存分に叩いていいという許可証を世の中に発行することと同義になっています。昨日までは「好青年」「今が旬の人気俳優」と持ち上げていたメディアが、一斉に手のひら返し。ネットにも辛辣な言葉が溢れ返り、その人のことをよく知らない、なんならお芝居をちゃんと観たことさえないような人たちまでが、罵声を浴びせかけます。

しでかした内容にもよりますが、そういう事態を招いたのは他ならぬ推し自身。だから、100%被害者ヅラをさせるつもりはありません。だけど、そこまで言う必要はなくない？　と言いたくなるのが今の世の中に対する正直な気持ち。

先ほど、「推しは悪くない派」と「速攻担降り派」の二大勢力を紹介しましたが、そうやって白黒はっきりつけられたら楽で、実際のところはこの局面をどう飲み込んでいいかわからないグレー派が大多数だと思います。そして、担降りしたら早々と気持ちを切り替えられるという方を除けば、**推しがしでかしたことにショックを受ける以上に、推しが世界中から極悪人扱いされていることに傷ついている。**だから、推しのスキャンダルは死活問題なのです。

本来ならそうしたバッシング社会を変えていくべきなのですが、即効性のあることではないし、個人の力だけではいかんともしがたい。だから、推しが世の中から叩かれているのが辛い人は、どうかメディアからもSNSからも離れてください。気になるのはわかるけど、心の平静の方が大事。これからも推しを応援できるかどうか、ゆっくり向き合う時間が必要です。**たとえ降りると決めても、あなたは決して悪くない。**そこに後ろめたさを持つ必要はありません。

そして、これからも推し続けると決めた人は、しばらく時間を置いてみてください。世の中というのは熱しやすく冷めやすいもので、バッシングもピークを過ぎると、必ず今度は「あそこまで叩かれる必要があったのか」「もっとやり直しが認められる社会であるべきではないのか」という機運が高まってきます。そのときこそ、逆転のチャンス。犯した過ちに誠実に向き合いさえすれば、「今はよくがんばっているし応援したい」というこれまでとは別の層へ支持を広めていく可能性もじゅうぶんにあります。

それに、人生七転び八起き。順風満帆なキャリアを積んでいる人よりも、すり傷だらけの人の方が妙な陰影がにじみ出るのが世の常、人の常。つまりスキャンダルとは即担降りのレッドカードであると同時に、また違う新規層を開拓する逆転のロイヤルストレートフラッシュでもあるのです。

CHAPTER 3

健全な推し活のためのメンタルコントロール術

複数推しは推し活における最大のリスクヘッジ

推しの熱愛、結婚、あるいは引退、事務所退所、さらにはスキャンダルなど。オタクにはメンタル崩壊のクライシスがたびたび訪れます。しかも、こうした悲しいお知らせはどれもある日突然やってくる。僕たちにそれをコントロールすることはできません。

あらゆるリスクマネジメントを求められるのが、大人になるということ。重要な書類ならダブルチェック、トリプルチェックは当然ですし、業務のブラックボックス化を防ぐためにタスクやフローの見える化は当たり前。プレゼン前や新規のプロジェクト企画の際は「でもこういうリスクがあるよね？」とひたすら重箱の隅をつつかれまくり。「そんな起こるかどうかわかんないことまでいちいち考えてたら何もできませんけどねえええ」と上司の眉間にボールペンを突っ立てたくなるのを必死にこらえ、「対策を検討します」と奥歯を噛みしめるのが、僕たちの毎日です。

これだけ日々リスクマネジメントに追われるのに、なぜか推しに関してはガードがガラ空き。おかげで突然の「お知らせ」に再起不能のダメージを受けることもしばしばです。

そんなオタクが、健やかなメンタルをキープするためにとっておきたいリスク対策。それが「複数推し」です。

複数推しとは、読んでそのまま、推しが複数いること。どうしても推しがひとりだとウェイトが偏りがち。平常時でさえ、推しの露出が少ない時期はいわゆる「飢餓《きが》」状態になります。そこで複数推しをしておくと、ある推しの露出が少なくても、別の推しがカバーしてくれるので、メンタルは一定をキープできる。常にある程度上機嫌でいられます。

推しがひとりだけ、いわゆる「単推し」の方が愛情度という点で勝る気はしますが、依存度も比例して上がるので、ややハイリスクなのは否めません。仮に何らかの原因で「降りる」ことになっても、推しが複数いればショックや悲しみを緩和できます。

そして何より、**推しが多いと人生は楽しい**。できれば、これ、僕が死んだときにそっとお墓に刻んでおいてほしいMy名言なのですが、一方でこんなことも言えます。

推しが多いと人生が忙しい。

これが複数推しの最大の悩み。あっちで主演映画の情報解禁、こっちで新ドラマのレギュラー決定と、まあ次から次にわいてくる出演情報に心臓が持たない。僕が早世したら、それは確実に推しのせい。当然、時間も足りません。真面目に出演ドラマを観ているだけで夜の自由時間が全部埋まる。

だからこそ、タイムマネジメント能力が問われてくるわけです。移動の合間にうたた寝なんてもってのほか。電車に乗っている間は貴重な推しタイムです。SNSやWEB記事をチェックして、推しの情報漏れを防止。Wi-fiがつながるところならVODでドラマを観れるところまで観るのも、ひとつの手。また、訪問先の近くに書店がないか事前に調査し、スムーズに寄れそうならそこで掲載誌を吟味するのも有効です。こんなふうに、複数推しをやっていると、効率的なタスクの立て方とかスキマ時間の活用スキルとかめきめき上がるので、推しはある意味、最も使えるビジネス書。こんなに推しを大量に抱えるまでは、もっとダラダラ生きていたはずなのに、いろんな推しを推すようになってからというもの、**のんびりしている時間はねえその暇があれば推しに使うという精神**が叩き込まれたので、めちゃくちゃ充実度が上がりました。

忙しいオタクの奥の手は「睡眠時間を削れ」です

この「一度に複数の人を同時に愛せる」のは、複数推しの可能な体質というか才能のようなものです。**感覚としては、自分が推しに注げるパワーが100あるとしたら、それぞれの推しに10ずつ振っていくというよりも、その一瞬目の前にいる推しに100のパワー全部を注ぎ込む感じ。**そして、また次の日には別の推しに100のパワーをぶつける。それが、複数推しのスタイル。

こんな、人生が楽しくてしょうがない複数推しオタクにとっての最大のリスクといえば、推しが増え続けることでしょうか。誰かにコンテンツを勧められたときも、まずは一度見てみようと思う尻の軽いタイプなので、どんどん好きなものが増えて歯止めが効かなくなる。なんならいい加減自分の嗜好や性癖もわかってきているので、人から勧められた段階で「これはハマるな」という確信すら持てるわけです。で、確信通り沈み込む。そんな感じで、気づいたらどんどん好きなものが増えていました。

しかもこの、推しが増え続けるリスクに関しては対策のしようがない。だって推しはコロナより感染力があるから。唯一の手段はロックダウンですけど、エンタメを取り上げられたら生きていけない惑星の住人なので、それは無理。

結果、**推しが増えた分だけがんばって金を稼ぎ、推しが増えた分だけ睡眠時間を削ってコンテンツを楽しむ我が人生。おかげでお金は貯まらないし、たぶんそこそこ健康を害している。**そう考えると、そもそもオタクとして生きること自体が最高にハイリスクな気がします。

CHAPTER 3

担降りの危機

俳優オタクたちを苦しめる地獄について語ります

オタクをやっていれば、大なり小なり地獄というのはあるもの。僕の生息地・若手俳優沼で地獄といえば、これはもうはっきり言い切りましょう。推しがイマイチな作品に出ることです。

当方、日頃から口を開けば「顔がいい」しか出てこないことで定評のある若手俳優オタクですが、決して顔ばかりを見ているわけではなく、そうは言っても推しの何に惹かれているかというと、才能なのです。つくりもののフィクションのはずなのに、まるで本当にその役が実在するかのように命を吹き込む圧倒的な演技力。眼球の動きひとつ、シワの1本で感情を伝える豊かな表現力。作品ごとにまったく別人のような顔を見せる推しに心奪われて、こちとらオタクをやっているわけです。

だから、YouTubeだとかインスタライブだとかいろいろ発信の場も増えて、推しの素顔にふれられる機会も増えたけれど、やっぱりいちばんに見たいのは推しがお芝居をしているところ。そのためなら1万円以上もするチケット代だって惜しくは……惜しくはないのです！

しかし、そうやって期待に胸を膨らませた推しの出演作がつまらなかったときのあの虚無感に勝るものはねえ。笑えない会話。進まない展開。共感できないキャラクター。突然訪れるクライマックス。怒涛の説明台詞。何の伏線もないネタ明かし。安直な解決。あまりに内容がグダグダすぎるものに出くわすと、今すぐ向田《むこうだ》邦子《くにこ》さんの霊を呼び寄せて、脚本に赤入れしてもらいたくなる。

これが俳優推しの難しいところなのですが、俳優はあくまで受け身なことが多いもの。いい作品といい役にめぐり会えるかはマネジメント(事務所など)側の能力であったり運であったり、本人の能力や努力以外の要素も多分に含まれます。自分で出演作を選べるぐらいのポジションになれば話は別ですが、まだまだ発展途上の若手俳優は来た仕事をどんどん受けるしかないことも多く、そしてそれぐらいのポジションであればあるほど、とんでもない駄作を引く確率も上がるという、貧困から抜け出せない格差社会と同じ構造がここに出来上がっているわけです。はい、地獄。

作品の内容に関しては俳優に責任はなく、なんだったらこれで推しはよくがんばっていると涙ぐましく思えることも多々。でも、推しが熱演すればするほど、こちらも余計に心が苦しくなるという誰も幸せにならない時間。まじであれは何なんだろう。

しかも、仮にも推しの出演作ですからおおっぴらに悪くは言いたくなく、吐き出すあてのない作品への不満と怒りがどんどん体内に充満して心をどす黒くさせるのですが、1万円払ってこんなストレスを買い込むとか、いったい何のプレイなの？

それが1作限りなら犬におしっこをかけられたくらいの気持ちで受け流すのですが、さすがに3作4作と続くと、こちらも堪忍袋の緒が切れる。徳川家康《とくがわいえやす》でもホトトギスを殺すレベルです。そして、少しずつ推しへの気持ちが薄れていき、いつしか興味を失ってしまう……これが、よくある若手俳優沼の離脱コース。

推しは全然悪くないのに、こんな悲しいことはありません。

ダメなコンテンツにお金を落とさないことも時として重要です

ですから、僕たちオタクが願うのは、どうか推しのマネージャーにはいい作品を見抜く目を持つ人がついていてほしいということ。寡作《かさく》でいいんです。小粒の作品でもいいんです。いい脚本家、いい演出家、いいプロデューサーと推しをめぐり会わせてほしいと、流れ星を見た瞬間10回くらい唱えずにはいられません。

そして世の中にはイケメンさえ出していればオタクはホイホイ金を出すと思っている大人が一定数いるのもまた事実。できるなら、こういう人たちはエンタメ界から立ち去ってほしい。そのためにも、（本当に推しには申し訳ないのですが）内容が悪い作品にはお金を落とさないというのが僕たちにできる唯一の抵抗。

ただ、推しが出る作品はやっぱり見たい、というのが偽らざる本音です。だからそのときはせめてアンケートに作品のどこがダメなのかを客観的かつ具体的に書き連ね、**僕たちは顔だけを見にきてるんじゃないという断固たる姿勢をアピールしておく**

ことが大事。そうやってダメなコンテンツとつくり手を駆逐することが、推しの未来を守ることでもあるのです。

あとは、地雷だった脚本家や演出家、プロデューサーの名前をしっかりと胸に刻み、もう二度と推しと関わることがありませんようにと絵馬にでも書いて、推しの今後のご活躍を祈るのみ。それでも、推しの次回作に再びそれらの方々の名前が並んでいたときは、もう西の空に向かって「マネージャーーー!!!!」と叫ぶしかありません。

CHAPTER 3

オタクが絶対にやってはならぬこと

自担を上げるために他担を下げる

オタクをやっている中でしてはいけないことはいくつかあります。推しに直接的な迷惑や危害をくわえる行為はもはやここに書くまでもないことですが、**僕自身がこれだけはやってはならぬと思っていることのひとつが、「自担を上げるために他担を下げる」ことです。**

あの人よりも自分の推しの方が顔も整ってるし背も高いし演技もうまい。そう言いたい気持ちは、わかります。推しですもの。それこそその比較対象の方が世間的に売れていたり有名だったり人気とされていたら、一層歯がゆい気持ちになるのも、5000%わかる。

でもそれは、口にするだけでこの世が終わる滅びの呪文。夜中に爪を切ることより、畳のへりを踏むことより、結婚式で花嫁以外が白い服を着ることより、絶対にやっちゃいけない全世界共通のルールなのです。

なぜなら、**自担を上げるために他担を下げた瞬間、その他担のファンを傷つけることになるから。**自分が推しを熱心に推すように、比べた相手にも熱心に推しているファンがいるのです。その愛情や熱意に優劣なんてものはありません。そして、もし他担のファンが、自分の推しが誰かを上げるための踏み台にされているのを見たら、その瞬間、間違いなくその上げられている人を嫌いになります。

推しへの愛は、誰かを傷つけることへの免罪符ではない

ただこれ、悪意でやっている人もいるとは思うんですけど、大抵は無意識のうちに他の人を下げてしまったケースが多いんですよね。よくあるのが、たとえば複数の若手俳優が揃って出ているドラマやCMなどで、「うちの推しがダントツいちばん」と

言ってしまうこと。「うちの推しがいちばん」くらいならギリギリセーフな気もしますが、「他とは比べものにならない」「推しくんレベルの人は他にいない」とかになると、あんまり聞いていて気持ちのいいものではありません。僕の心の和田《わだ》アキ子《こ》さんが「その喧嘩買った」と腕をまくります。あの鐘も鳴らします。

個人的には「推ししか勝たん」というフレーズも、やや他を下げているニュアンスが含まれるので、使わないようにしています。**相対評価ではなく絶対評価で愛を語れるようにする**ことは、オタクとして身につけておきたいベーシックスキル。

そして、明らかに意図をもって「自担を上げるために他担を下げる」行為をしている場合、オタクとしては危険水域。そこにあるのは推しへの盲目的な愛というよりも、自身の深すぎる承認欲求に対する代理戦争な気がします。

推しを認めてもらえると、なんだか自分のことを認めてもらえたような、あるいはそれ以上にうれしい気持ちになる。それはすごくわかります。けれど、推しのことを認めてもらえない＝自分のことを認めてもらえないわけではないし、価値観はそれぞれ。推しが認めてもらえない世界が間違っているわけでも歪んでいるわけでもないですし、下げ対象となっている他担は決して推しを脅かす脅威でもないのです。

にもかかわらず、直接関係のない他担を下げる行為は、他担を自らの不満をぶつけるためのサンドバッグにしているだけ。推しへの愛は、誰かを傷つけることへの免罪符ではないのです。そして、仮に他担を下げたところで、自分の推しのポジションが上がるかといったら、そんなことは一切ありません。結局、そこに誰の幸せもない。**それどころかまったく悪くない推しが、誰かに不快に思われたり攻撃の対象にされるきっかけを生んでいるだけです。**

だから、もし意図をもって「自担を上げるために他担を下げる」行為をしているなら、それは推し活から少し距離を置くサイン。推しのことは一度忘れて、友達と何でもない話をしたり、どこか綺麗な景色を見に行ったり、ほんの少し休憩を入れてみた方がいいかもしれません。

大好きなものができるのはとても素晴らしいこと。ですが、その大好きなものが自分を息苦しくさせているなら、一度手放してみる勇気もオタクには必要なのです。

CHAPTER 3

オタクこそ冷静と情熱のあいだで生きるべし

あそこの沼は治安が悪いと言われないための心がけ

改めてですが、「推し」とはよくできた言葉です。英語に置き換えるなら「プッシュ」でしょうか。声援といくらかの課金をもって、その人の芸能活動をプッシュする。自分が誰かの何かに貢献できているという喜びもあわさって、「推す」という行為自体をとても尊く感じます。

が、ここで常に自戒をしておきたいのが、自分のやっている「推し活動」が本当にプッシュになっているか、ということです。プッシュどころか、まかり間違って推しの足を引っ張るようなことになっていたら本末転倒。そして、知らず知らずのうちにそうなりかねないのが推し活の難しさです。

よく問題視されるのが、オタクの治安の悪さ。マナーの悪いオタクがついていたり、それによって関係のない人が被害に遭うことで、オタク自身が悪く言われるだけならまだしも、推しのイメージまで下がってしまうことがあります。

たとえば、入り待ち出待ちがそのひとつ。一部の界隈ではこうした行為を認められている場合もありますが、それを除けば基本的にはアウト。推し本人の心理的負担にもなりますし、特定の場所に集団が集まることで、近隣の方にご迷惑をかけかねません。そのたびに推しが「心苦しいのですが」と丁寧にクッション言葉を添えて、出待ちを控えるお願いツイートをしているのを見ると、同じオタクとして申し訳ない気持ちでいっぱい。**オタクたるもの、推しを困らせてはならない**のです。

また、こうした事態の由々しき点は、大抵のファンはきちんとマナーを守っているところです。けれど、一部のファンが暴走するあまり、あそこのファンは非常識とという不名誉なレッテルを貼られがち。これにより、ファン内部でも闘争が起き、ますます周囲から見たときに、あそこのファンは治安が悪いというイメージが広がってしまうのです。

楽しい推し活に必要なのは、客観性

リアルの場だけではなく、インターネット上でも、熱心に推しているつもりが結果的にマイナスな印象を与えることはあります。ありがちなのが、推しを過大評価しすぎるオタク。いや、わかる。自分にとって推しはもう非のうちどころのない神様です。でもそれが他人から見たときはそうでもないことを自覚しておくことは、とても大事。

わかりやすい例が、どんなランキングにもとにかく推しを入れたがってしまうこと。5歩譲って、こうしたランキングが他の人から見たときに人気のバロメーターになるという主張はわかります。しかし、まだ20歳そこらの推しを「先生になってほしいランキング」に投票するのは無理筋ですし、贔屓目は一旦置いておいて、そんなにおもしろくも話題にもならなかった推しの出演ドラマを、クール首位や年間ランキング1位にするためにゴリゴリ投票したところで「組織票」と言われるのがオチ。こういう現象が繰り返されると、どうしても一般の目から見たときに、あそこのオタクはちょっと危ないと言われかねません。

また、若手であればまだまだ演技が拙い俳優も当然います。別にそれをわざわざ推し自身に伝える必要は個人的には感じませんが、かと言っていろんな人の見える場所で、「推しは演技がうまい」と過剰に盛ることもないというのが僕の考え。盛れば盛るほど、ファンでもない人から見たら「いや、演技はそこまでじゃなくない……？」としごくごもっともなご意見を抱かせることになり、逆効果だからです。どんなにクリリン推しでも、クリリンが悟空《ごくう》やベジータより強いということはねえ。

そんなときにお勧めするのは、愛のある言い換え。拙いと感じたならその気持ちに嘘をつく必要はありません。ただ「伸びしろがある」や「これから経験を積めば、もっとうまくなる可能性を感じる」といったエールとして気持ちを表現してあげれば、ファンでない人から見ても、それほど違和感を覚えることはないはず。クリリンも悟空やベジータには勝てませんが、地球人としては最強です。

そして、もうひとつ肝に銘じておきたいのは、もし推しの演技が未熟だとして、それをファンでない人から指摘されたとしても、過剰な抗議はしないこと。推しに対する否定的な発言は一切許さないという攻撃的な態度は、「信者」とされ揶揄の対象にもなりえます。「鼻がない」と言われたら、「クリリンのことかーっ!!!」とキレる前に、鼻はないけど美人の伴侶はいると笑顔で切り返したいところ。冷静な意見ならば、事実は事実としてフラットに受け止めればいいですし、煽りたいだけのアンチならば、やり合わないのが賢明。争いは同じレベルの者同士でしか発生しないのです。

それよりも、**その争いを端《はた》から見ている人から「あそこの沼は治安が悪い」なんて言われたら一巻の終わり**。推し本人に対して悪い感情はないのに、周辺のファンが嫌いで苦手意識を持つようになったということも、オタクの世界では見られるケース。そうなっては、推しているどころか営業妨害。事務所にお詫びのタオルを送るレベルです。

情熱がないとオタクなんてものはやっていられませんが、その一方で推しを客観的な視点から見る冷静さもまた不可欠。そのバランスがとれてこそ、いいプッシュになるのです。

CHAPTER 3

推し活における闇

とてもデリケートな新規・古参問題について真面目に語ってみました

基本的にオタクは自分の推しや推しているコンテンツが末永く繁栄していくためにも、わりと布教については熱心です。そして、推し自身の努力と活躍、そしてオタクたちの積極的な布教の甲斐もあって、徐々に推しの認知度が高まっていくと、それに連鎖する形でまた新たな地雷が仕込まれます。

それが、新規と古参という地雷。基本的には、新しく沼に沈み込んできた人たちを温かく迎える先輩の方が圧倒的多数です。ただその中に、推してきた年数でマウントをとる古参の方がいるのも事実。もちろんこの古参の気持ちもわからなくはないのです。それこそ推しが無名の頃から応援している人からすれば、つい当時の推しを語りたくなるのも無理のない話。実際、新規としても自分の知らなかった昔の推しを教えてもらえるのはうれしいことだったりします。

推しに対する純粋な愛がベースになっているうちは、そうしたコミュニケーションも微笑ましいものなのですが、そこに「私の方が詳しい」という優越感だったり、「今の推しがあるのは昔からずっと推し続けている私たちの応援のおかげ」という功名心だったりが働いてくると、それはもう酔うと昔の武勇伝を延々語りたがる部長と同じ。誰も幸せになれません。

確かにまだ何者でもない時代からいち早く推しの輝きに目をつけ、マイナーと蔑まれようと、必ず売れると推し続けた古参はすごい。その年数と熱意にはリスペクトを払います。**だがしかし、いつどのタイミングで出会うかは人それぞれ。**そのタイミングが古参は早かっただけであり、偉いわけではありません。

会社と同じです。古株が幅を利かせるあまり若手が萎縮する職場からイノベーションは生まれない。むしろ古くからいる人間が、新しく入ってきた人間に気を遣うぐらいがちょうどいい。そう心得た方が、古参の精神衛生的にも楽です。

厄介な古参がジャンルを衰退させる

よく言われる話ですが、厄介な古参が多いジャンルほど衰退の一途を辿ります。長く繁栄し続けるには、新陳代謝は不可欠。古参が我が物顔をしている沼に新規は寄りつきません。そうわかっていながら、なぜこうした悲劇は絶えないのか。

それは、古参の行動原理もまた愛と正義に基づくものだから。僕は性善説を信じるタイプなので、悪意を持って新規を駆逐しようと思っている人は少ないと考えています。古参が鉈《なた》を振るうのは、愛するジャンルを守りたいがゆえ。新規が大量に発生することで、一時的に場は荒れます。ルールを守らない人だったり、そもそもルールを知らなかったりする人も出てくる。そうしたときに、統制をはからなければ、あそこのオタクは常識がないと言われてしまうし、ひいては推し自身の名誉を汚《け が》すことになる。そうした強い使命感が、数々のマウントであったり、「学級会」と揶揄されるような論争だったりを呼んでしまうのです。

とはいえ実際、オタクにとってマナーは大事。今でこそオタクも市民権を得つつありますが、まだまだ「オタク＝ちょっと社会性に欠ける」というイメージは根強く残っています。だからこそ、平常時よりも振る舞いには注意した方がいいのは間違いありません。よく高校の先生が言ってました。制服を着て外出するときは、いつもより良識ある行動を心がけなさいと。制服を着ているということは、その学校の代表として見られることなのです。

オタクもまた同じです。推しの現場に行く以上、あるいはＳＮＳのプロフィールに推しの名前を掲げる以上、自分の言動が推しのイメージを左右するんだと心の石碑に刻みつけておきたいところ。特に自分がまだ新規である自覚があるなら、ルールを学ぶことはめちゃくちゃ大事です。誰かに聞いたり、聞けない人がいるならＳＮＳで検索してみると、「なぜ古参がそう言っているのか」も含めて理解することができます。古《いにしえ》からのオタクのルールは「推しに嫌な思いをさせることがないように／自分たちの行動で誰かに迷惑をかけることがないように」という理由で設けられていることが多いからです。

そして同じくらい、自分が古参である自覚があるなら、言動が威圧的になっていないかセルフチェックが重要。たとえそれが正義から来るものであったとしても、頻繁に学級会が起こるジャンルは、確実に衰退します。よく考えてみましょう。厨房で先輩が後輩を怒鳴りつけているのが丸聞こえの居酒屋でおいしくごはんが食べられないのと同じ。仮にどんなに味がよくても、大抵の人はもう寄りつきません。推しのためを思うなら、ウザいバイトリーダーにだけはなってはならないのです。

そもそも推しを推すということ自体、道楽の極み。楽しくなければ意味がありません。みんなが楽しそうに働いているお店は自然とお客さんも集まるし、売り上げも上がる。**そこにいるオタクたちがみんな楽しそうな沼には、自然と新しいオタクが集まってくる。そうやって推しの名前を広げていくことが、オタクにできる貢献です。**

あくまでオタクの判断基準は、推しが喜ぶかどうか。判断基準の主語が、自分になったときは黄色信号と心得ましょう。どれだけ長く応援していようと、どれだけお金を積んでいようと、あくまで自分はただのオタク。つい正義感や承認欲求が暴走しそうになったときほど、そう自分に言い聞かせることが、楽しいオタク人生の秘訣です。

CHAPTER 3

なぜSNS上で推しに余計な一言を言ってしまうのか

ネット上こそソーシャルディスタンスを守りたい

SNSっていいですよね。推しの日常が定期的にアップされ、推しの生の言葉に直接ふれられる。オタクにとって推しの発信するSNSは「命の母」くらい身も心も穏やかにしてくれます。**自分とは遠い世界にいるはずの推しが、自分と同じ人間で、推しがこの世界にちゃんと生きているんだと感じられるツール。**ボーッとタイムラインを眺めているときに、推しのツイートが流れてきたら、「今、推しが生きてる！」ってなるし、仕事終わりにスマホを手にとったとき、待ち受けに推しからの通知があるだけで、生ビール3杯あけたぐらいの幸福感があります。

ただ、ともすると、遠いはずの推しを近い存在だと錯覚させてしまうのがSNSの

おそろしさ。気軽にリプを送れる反面、「それ、わざわざ推し本人に直接言わなくてもいいのでは？」というようなことを言ってしまう場合も。

例えば一時期、議論を呼んだのが、推しがライブや舞台の宣伝をしているツイートに対し、「今回は行けないけど」とわざわざ行かないことを伝えるケース。これは受け取る側も、全然気にならない人もいれば、あまりいい感情を持たない人もいます。推しが気にしないと公言しているなら構いませんが、どちらの考えか不明であるうちは慎重になった方が無難です。

基本的には「来てください」とアピールしているツイートに「行けません」と返すのは、コミュニケーションとしては悪手。もし行けない場合も「行けないけど」は入れずに「がんばって」とだけ伝えればじゅうぶんですし、それが嘘をついているようで気が引けるなら、そもそもリプをしなければいいわけです。文字だけのコミュニケーションだからこそ、「この一言は失礼ではないか」というセルフチェックはものすごく大事。

他にも、推しが髪型を変えたことに対して、「前の方が好きだった〜」と言う人。これ、絶対自分が言われたらカチンと来ると思うんですよね。朝出社して、課長に「肌荒れてるね」と言われたら、その日1日働く気をなくすじゃないですか。課長のSuicaだけ改札を通るたびに毎回引っかかる呪いをかけたくなるじゃないですか。

実際に前の髪型の方が好きだったという気持ちに嘘をつく必要はありません。が、わざわざ本人に言わなくてもいいこと。もし、推しと対面したとしたら、緊張するのでこの手の失言をする心配はほぼないでしょうが、なぜかSNS上だと距離感を見誤るのか、余計な一言を付け加えてしまうことがあります。**くれぐれも自分は推しの女ではないと極太ゴシックで書いて、待ち受け画面に登録しておきたいところ。**

推しのいいね欄はメンタルが荒れる

そして、ついついオタクがやりがちなのが、推しがフォローしている人の一覧をチェックしたり、誰かとリプを飛ばし合っているのを見てしまうことです。もうこれ、本当にやってもいいことない。

推しのいいね欄を逐一確認するようになったら、それは地獄の始まりです。仮に異性の芸能人からのリプやツイートにいいねを押していても心を乱されてはなりません。オタクお得意の思い込みの強さで「ああ、手が滑ったんだな」と見ないふりをした方がいいですし、やたら特定の異性にだけいいねをつけていても「ああ、よく滑る手だなあ」と推しのドジな右手ににこやかな視線を送りましょう。

特に舞台界隈にいると、どこぞの女性アイドルや女優の卵が観劇に来て、本番終わりの推しと撮った写真をSNSにアップしたりしますが、ムカッ腹を立ててはなりません。そっとミュートするのです。

こういう、SNSがなければ可視化されなかったものが見えてしまうのは、SNSの罪のひとつ。そう考えると、あまり何でもかんでも見えるのも考えもの。基本的に推しなんて天上人のようなものなので、霞の向こうでモヤがかかっているくらいが精神衛生的にもいいのかもしれません。

最高の「推しのいいね欄」とは？

ただ、そんな中でめちゃめちゃ推せるのが、やたら猫動画にばっかりいいねを押している推しです。いいね欄を覗いたら、共演者からの気の利いたリプにも、千秋楽のときに撮った出演者全員の集合写真にもまったくいいねを押しておらず、ただひたすら猫動画だけが並んでいるいいね欄を見たとき、この子は推せる……！　と確信しました。

時に殺伐としがちなＳＮＳ。
その救世主は、猫動画です。

CHAPTER 3

俳優オタクは避けて通れない「中の人問題」

でもそこに俳優を推す楽しみがある

俳優オタクとドルオタ（アイドルオタク）。イケメンが好きというのは同じでも、似て非なるこの領域。実際、僕は俳優にちょっといい人がいると、軽率に推しと呼びがちですが、アイドルに対してはレーダーが反応しません。はたしてこの両者の間に横たわる広くて深い川の正体は何なのか。そこで浮かんでくるのは、「虚実皮膜《きょじつひにく》」という言葉です。

「虚実皮膜」とは、事実と虚構との微妙な境界に芸術の真実がある、という考え。提唱したのは、かの有名な人形浄瑠璃の作者・近松門左衛門《ちかまつもんざえもん》です。近松の指摘したこの曖昧な揺らぎこそが、俳優オタクの楽しみではないかと。

良くも悪くも、俳優というのは演じた役とご本人が混同されがち。好きになった入り口が、雑誌やCM、SNSなど素のご本人に近いところであればそう感じないかもしれませんが、演じる役が好きで、そのまま俳優本人を推すようになった人からすると、自分が好きになったのは役なのか本人なのか、その間《あわい》にときめきと戸惑いを覚えるのです。

俳優オタクは、二度恋に落ちる

わかりやすく例を挙げると、僕の場合なら岡田健史さん。ご存じの方も多いでしょう。ドラマ『中学聖日記』で準主役デビューを果たした若手俳優の星です。同作で彼が演じたのは、不器用で多感な中学生・黒岩晶《くろいわあきら》。正直最初は、岡田健史が好きなのか黒岩くんが好きなのか、気持ちがはっきりしませんでした。

それぐらい彼の演じた黒岩くんは魅力的で。「聖ちゃん」と呼ぶその少しくぐもった声も。感情がほとばしって、うまくコントロールできないような表情も。血管の浮き出たたくましい腕も。何もかもが鉛筆で描かれたスケッチのようなノスタルジーがあって。もうとにかく夢中になりました。

そこから少しずつ岡田健史本人のことも知っていくようになり。野球に青春を懸けた一途なところ。でも副キャプテンを務めた自分の代では、甲子園の夢は叶わず負い目が残ったところ。何もわからないお芝居の世界で自分にできる精一杯に挑み続けているところ。礼儀正しいけど、それだけじゃない年相応な面もあるところ。ひとつまたひとつと素顔を知るたび、深まる気持ち。てか、岡田健史のストーリー性良すぎて今書いてても震え上がる。ジャンプで連載決定じゃない??

そう。俳優オタクの楽しさは、役と本人で二度恋に落ちることができること。同じ人なのに、初めての恋のようにまた好きになる。こんな幸福な地獄、抜ける理由がありません。

ただ、そこにはそこで難しさがあって。**見た目は同じ人だからこそ、演じた役と俳優本人を同一視してしまうことがあります。**もちろん俳優はそのキャラクターを演じたに過ぎず、ご本人と役は別物だということは、頭では理解できる。でもそれとは別に心の部分でどうしても物語の中で生きた役のことを重ねてしまう。

岡田健史で言うならば、別の役を演じたときに、ふと黒岩くんでないことに寂しさを感じたり、逆に何気ない仕草に無理くりにでも黒岩くんらしさを探してしまうのです。まさに、元カレの面影を今カレに見出そうとするダメガール。しかもリアルな恋愛と違って、どっちも本人だから余計にややこしい。

気持ちとしては、よくドラマにある、死んだ恋人に瓜二つの男性が現れたときのあのシチュエーションに似てる。まさかこんなところで冬ソナを体験できるとは思わなかった。

永遠に終わらない一目ぼれを続けよう

ただ、俳優サイドの心情を考えれば、いつまでも昔の役をずっと引きずられるのはうれしくないと思うのです。だって、常に最新作を最高傑作にしたいのがクリエイターというもの。もちろん自分にとっての永遠のナンバーワンの役はあっていいと思いますが、それはそれで心の小箱にしまいつつ、常に新しい役に挑戦し続ける推しを全力で受け入れていきたい。

だから、そこはもう発想の転換です。たったひとりを推すだけで、クズもヘタレもスパダリも当て馬も、全部見られると思えば、最強のハッピーセット。ある作品では病に倒れた薄幸の青年。またある作品では血に飢えた人斬り侍。顔つきも、話す言葉も、身のこなしも、全然違う。だけど、媒体となっているのは推しそのもの。ひとりの人がここまで違う人間を、こんなにも違和感なく、そこに生きているように提示してくれる。その振り幅にふれるたびに、まるで魔法を見せられているような気持ちになって、推してて良かった……と神棚に向かって祈る。俳優オタクの毎日は、その繰り返しです。

二度どころか、新しい役を演じるたびにまた恋に落ちることができる。**永遠に終わらない一目惚れを何度でも経験させてくれる**ところが、俳優という職業に選ばれた推したちを性懲りもなく愛し続ける理由です。

CHAPTER 3

担降りの危機再び

推しが売れたとき、僕は「降りよう」と思った

推しが売れた。

それはもう大変におめでたいことです。「売れた」の定義が様々なのでちょっとややこしいのですが、ここでは一旦「連ドラで主演をバンバン張るレベル」と置かせていただきたい。

俳優にとって売れることが正義でも連ドラ主演がゴールでもないことはじゅうぶん承知したうえで、それでもやっぱり売れるということはいろいろと力を得ることだし交渉のテーブルにも有利につけるだろうし、何より推し自身が売れたいと常々願っていたなら、もう万々歳。銀座の大通りをジャックしてフラッシュモブとかする話です。

ですが、そうやって目抜き通りを軽快にステップで駆け抜けながら、同時にこうも思うのです。

あ、降りようって。

推しが売れた瞬間が、僕にとっての担降り期。推しからの卒業シーズンなのです。

「なんで?」と思われるかもしれませんが、前にも書いた通り、僕にとっての「推す」という行為はまだ世の中から評価されていないもの、発展途上のものをプッシュし、育てていくニュアンスが多分に含まれています。つまり世の中から完全に評価されると、僕の役目はそこで終わり。もう僕が推しにできることなどないのです。

推しが天下をとったら、そっと城を出るオタク人生

そもそも僕の立ち位置はイマジナリー寮母。芸能人にとって売れるということは、寮生活を終えて、港区のタワマン(概念)でひとり暮らしを始めることです。もうこ

ちらがいそいそ雑誌を買ったりチケットをとらなくても、推しはたくさんの人たちから応援されているし、数字も持ってる。あとできることといえば、まだそれほど日の目を見ていなかった時代の涙ぐましい努力エピソードや、昔の雑誌で答えていたかわいいインタビューの回答を、したり顔で広めることぐらい。

ですが、そういった古参が応援してきた年数で幅を利かせるような行為は、ともするとマウントになりがち。古参と新規の対立は沼の水質が悪化する要因のひとつなので、自分が古参ヅラしそうになったら、その前におとなしく身を引くのがオタクの美しい幕のおろし方です。

これは個人的な感覚ですが、やっぱり推していていちばん楽しい時期って、まだ推しがブレイクするちょっと前くらいな気がするのです。

もちろん天下をとったあとの推しにお伴し続けるのも、ひとつの醍醐味。世間から脚光を浴びまくっている推しの横で優雅に微笑んでいるのは、御台所《みだいどころ》感があって楽しい。

でも、秀吉《ひでよし》だって豊臣《とよとみ》の頃より羽柴《はしば》の頃の方が痛快なわけで。なんなら木下藤吉郎《きのしたとうきちろう》のときがいちばんカッコいいなと思うわけです。だから僕は推しが豊臣になったら、そっと大阪城を出て、新しい木下藤吉郎を探しにいく。そうやって何度もリセットしていくのが、僕のオタク道です。

たとえ担降りしても、元推しは特別な存在なのです

もちろん卒業したあとも、寮生の活躍はうれしいもの。いいスタイリストさんなりメイクさんがつくようになったのか、どんどん小洒落《こじゃれ》た服を着て垢抜けていく推しを見ながら、「色気づいちゃって」と『木綿のハンカチーフ』を口ずさみます。

そして、バラエティ番組に出ている推しの頬が日に日に痩《こ》けていったら「大丈夫？ちゃんと食べれてる？」と身を案じ、インタビューで「家にいるときは無になっています」なんてコメントしていたら、「病んでない？　ちゃんとお休みもらってる？」とつい事務所にクレームを入れたくなる。**結局、たとえ担降りしようとも考えていることはそうは変わらないのがオタクのＤＮＡ。**

そして、夢破れて帰郷した青年が、地元の河原で昔馴染みと一緒にキャッチボール

をしてむせび泣く、そこらへんの映画で100回くらい繰り返されたシチュエーションを思い浮かべながら、芸能界という荒波にすり切れ気味の推しに向けて**「大丈夫だよ〜！　疲れたらいつでも帰っておいで〜！　キャッチボールぐらいならいつでも付き合うからさ〜！」と勝手に脳内で地元の同級生役を買って出るまでが、担降りしたあとの僕のワンセット。**

そう考えると、推しが売れるというのは卒業のタイミングではなく、新しい妄想を楽しむフェーズに移っただけなのかもしれません。

CHAPTER 3

罪深きオタクの業

昔好きだった推しを見かけたときに顔出す元カノ精神をなんとかしたい

担降りしたあとに、推しがメディアに出ているのを見ると、つい元カノヅラしたくなる自分をやめたいです。

「やめれば?」としか回答のしようがないと思いますが、本当、自分の中にあるこの元カノ精神をどうにかしたい。なんなら推していた時代は意地でもガチ恋ではないと言い張っていたくせに、降りた途端に元カノヅラとか卑怯にも程があるのではないでしょうか。

この元カノヅラというのはどういうことかというと、たとえば元推しがバラエティに出ているのを見ても、もう胸がときめいたりざわついたりはしません。だって、元カノだし。恋愛感情とか全然ないし。

ただ、一緒に出ている共演者の女優さんとかに「現場まで短パンとサンダルで来るんです」「この間なんて寝グセがついたままだったんですよ」なんておもしろおかしく素顔を暴露されているのを見ながら、**「わかる。本当そういうとこあるよね」みたいな同意の仕方をしちゃうところが、元カノ精神**。推しが現場にサンダルで来ているところとか実際にこの目で見たこともないくせに、寝グセ頭のまま推しが家を出るのを玄関で見送っていたような顔をして頷いちゃうこのツラの皮の厚さが、元カノ精神です。本当、あつかましすぎて灰皿で殴りたい。

元推しには青山に住んでカイエンを乗り回してほしい

元カノだから、ちょいちょい元推しのことを悪く言ったりもします。自撮りが下手とか、絵文字のセンスが悪いとか、コテンパンです。でも、それにまわりが乗ってくれて、元推しをこき下ろそうものなら、「いや、そこまで言う必要ないんじゃない?」ってムッと来ちゃう。この勝手な元カノ精神、灰皿じゃ飽き足りないから、誰かスパナとか持ってきてほしい。

そんな面倒くさい元カノ精神が最大限に炸裂するのが、元推しがスキャンダルに見舞われたときです。

スキャンダルの内容にもよりますけど、女性関係の類だったら、現推しではないのでそこまでショックは受けない。むしろまあああるでしょうよそういうこともって寛容な顔してる。**なんだったらちょっと雰囲気のいいバーのカウンターでカクテルグラスを傾けながら「バカだよね、あいつも。全然治ってないんだから、そういうとこ」ってていい女気取りしたくなる。**この腐った元カノ精神、スパナでも飽き足りないから、誰かコメカミを銃弾で撃ち抜いてください。

元推しに対する感情って、人によって千差万別で、一切何の関心も感慨も湧かない方もいらっしゃるかと思います。ただ、僕の場合、そこまですっぱりとは切り替えられなくて、高円寺を歩けば大学の頃に付き合っていた恋人のことを思い出すみたいな感じで、ちょいちょい脳裏によぎりがち。

だから元推しに願うことは、どうか降りたあともカッコいいままでいてほしいということ。どんどん変わっていく姿を見て幻滅したくはないのです。

めちゃくちゃカッコよくなったり、めちゃくちゃ売れまくる分には、基本、僕の精神構造は阿佐ヶ谷の1DKのアパートで同棲していた元カノくらいのスタンスなので大歓迎。なんなら元推しには青山とかに住んでてほしいし、カイエンとか乗り回してほしい。

それよりも、ちょっとずつメディアで見る機会も減っていって、気づいたらYouTubeに流れる怪しい脱毛クリームの広告に出ていたりする方がよっぽど悲しい。初恋の人にはずっとキラキラしたままでいてほしいように、かつて夢中になった元推しにはたとえもう自分の心はそこになくても変わらずに輝いていていてほしい。

そして、大掃除のときとかに、処分に困った大量の雑誌をふと読み返しては、前後不覚になるぐらい推しまくったあの頃をなつかしく思い返す元カノごっこを楽しませていただきたいのです。

CHAPTER 4

それでも来世もオタクに生まれたい

CHAPTER 4

推しが結ぶ友情

オタク友達ができると、推し活はもっと楽しい

推し活をやっていてよかったと思うことのひとつが、友達が増えたことです。

推しの何がそんなにいとおしいのか。まわりの目など気にせず語れる相手がいるだけで、推し活の潤い具合は段違い。オタク友達とひとしきりテンション高く推しの話をした日の帰り道は、確実に肌にツヤが出ている気がします。そんな心のフェイシャルマスクであるオタク友達ですが、メリットはそれだけではありません。

ぶっちゃけ僕たちにも生活がある。お仕事やらおうちのことやら何かと忙しい毎日。推しのために使える時間は一日のうちほんのわずかです。限られた時間の中で、いかに情報を収集し、効率的に推し活を行うかという観点から言っても、オタク友達は欠

かせません。

推しの検索結果が「ผมรักคุณ」だったとき、そこに友達がいてほしい

その重要性を改めて強く感じたのが、僕が今絶賛ハマっているタイの男性俳優沼です。国旗の柄さえわからない。「クアラルンプールはタイ？」（マレーシアです）、「フォーを食べられるのがタイ？」（ベトナムです）、というくらいタイについて何も知らなかったこの僕が、突如ハマったタイの男性俳優沼。その情報収集は困難を極めています。

まず、いいなと思う俳優さんがいても、名前がわからない。タイはなぜかあだ名という文化がめちゃくちゃ発達していまして、どの人も普段からあだ名で呼び合います。しかもそのあだ名は本名とはまったく関連性がなくてもオッケーで、たとえば僕が推しまくっているタイの俳優のBrightくんは、本名はVachirawit Chiva - aree です。はい、読めない。**それなりに長いあいだ俳優オタクをやっていますが、好きになった**

人の名前の読み方がわからない、という事態は初めてでした。

今でこそだいぶ日本でもタイの俳優情報が出回ってきたので、Wikipediaの内容も充実してきましたが、当初なんて砂漠も砂漠。**あなたのことをもっと知りたいのに、検索をしたら出てくるのは「พบรักคุณ」などというゴリゴリのタイ語。**正直、文字として認識することすら危うい。まだ4歳の姪が書いたお手紙の方がいくらか判読できるというもの。

推しのいる生活をさらに輝かせる〝友達〟

そこで重宝するのがオタク友達です。東に推しがインタビューを受けている動画があれば、徳川埋蔵金を見つけたかのごとくシェアし合い、西に推しのお母さんのインスタが見つかれば、これが聖母マリアかと崇め合いながらシェアし合う。なぜオタクはあんなにうまいことネットから情報を拾い集めてこられるのでしょうか。あの卓越した調査能力を活かせる職種、早くリクナビNEXTに載せてほしい。

推し活は集団戦。集団を制する者が推し活を制すると言っても過言ではありません。

とにかくそうやってみんなで分担しながら情報を集め、クロスワードパズルを埋めるように、少しずつ推しの実像を浮かび上がらせていくのでした。

またおそろしいことにこのタイの沼、やたらと供給が過剰。1日、SNSをほうっておくだけで、あっという間に浦島太郎状態。でも忙しくてそんなにずっとネットに張り付いていられない僕としては、オタク友達が随時シェアしてくれるおかげで、情報ロスの悲しみが格段に減りました。

そうやって時に助け合いながら、一緒に喜んだりキュンキュンしたりできるオタク友達の存在が、推しのいる生活をより楽しくしてくれるのです。

CHAPTER 4

オタクたちがつくる優しい世界

推しの話ができたらそれで幸せ

僕はオタクの世界がとても好きです。

いつも自分の好きなものに夢中で、推しのことが大好き。強く愛するものがある人は、そのあり余った愛が周囲に波及するのか、人にも優しくできる気がします。

たとえば、まだ右も左もよくわからない新規ファンに気軽に声をかけ、必要な情報や役に立つ情報をアドバイスする。僕はオタクの世界に足を突っ込むようになってから、そんな優しい先輩に何人も出会ってきました。

そもそもオタクというものは、推しにもっと人気者になってほしいという願望を持っている人が多く、世話焼き体質。推しの良さを広めるためなら労力を厭《いと》いません。

だから、新規を歓迎するし、何かにつけてフォローもする。まだ新規の子が知らない情報があれば、惜しむことなく提供し、一緒になっていそいそと盛り上がる。そういうやたら入社後研修の行き届いたホワイト企業のようなやりとりが当たり前のように行われているのがオタクの世界です。

しかもこれは決して先輩からの一方的な give & give ではありません。基本オタクとは、推しの話ができたらそれで幸せという生き物。だから先輩も、新規の子ともう何度披露したかわからない鉄板のエピソードを語ることで、まるで初見のようにまた新鮮に推しのかわいさを愛でることができるので、両者にとって win-win なのです。

殺伐とした現実の中で感じるオタク友達の優しさ

こうした助け合い文化こそが、オタクの美徳。たとえば、推しが出ている番組を録画し忘れた。そんなとき、さっと「DVDに焼くよ」と申し出てくれる人がいるありがたさ。あるいは、どうしてもこの舞台のチケットがほしい。そんなとき、チケット獲りに協力してくれる人がいるありがたさ。オタクをやっていると、人はひとりでは生きていけないということをしみじみ実感します。

それは、普段生きている日常とはまるで別。ちょっとわからないことがあったので先輩に聞いてみようものなら「まずは自分で調べた？」と先制のジャブを浴びせられ、二度同じことを聞こうものなら「それ前も言ったよね？」と強めのフックを食らう。それが怖くて何も聞けずにいたら「わからないならなんでもっと早くに聞きにこないの？」と鋭いアッパーでリングに沈められる。これが、僕たちの生きている地獄。

その点、オタク友達は、推しについて語り合うことが主目的なので、罵詈雑言《ばりぞうごん》が飛び出る可能性は低め。推しにふれるほど語彙力が低下するので、「それな」「わかりみ」「死んだ」くらいの単語しか出てこないので、おおむね平和です。

そう考えると、オタクの文化は実に優しい世界です。自分が行けない公演でも、代わりにグッズだけでも買ってきてくれたり。僕のように推しが海外の人ならば、グッズを買おうにも送料だけでそれなりの金額がかかります。そこで共同購入して送料を負担し合おうと言ってくれるのも、オタク友達ならではのありがたさ。**ＬＩＮＥの名**

前とアイコンをひとときだけ推しに変えさせてもらって、さも推しからLINEが来たような錯覚を味わう、1時間後には「我々は何をやっていたのか……」と膝から崩れ落ちるような戯れを一緒にやってくれるのも、オタク友達くらいしかいません。

同じ推しを推している同士、キャッキャし合えるのも楽しいですが、たとえ推しは違っても、推しがいる喜びを分かち合っている同士なら自然と心は通じ合いやすくなります。自担が地上波に出ていようものなら、「今、8chに推しくんが出てるよ！」とアラートを鳴らしてくれるし、トレーディングやら何やらでその子が我が推しを引こうものなら、「これあげる」と無条件でくれる。

僕は顔の好みが合う友人数名と、好きな顔を延々投下するだけのLINEグループをつくっているのですが、そこに新しい画像が投稿されるだけで、午後からの仕事もはかどりますし、ちょっと安めのお米さえおいしくいただけます。

こうした互助文化と尊重の精神が、ともすると空虚になりがちなオタクの世界を優しく浄化してくれているのです。

CHAPTER 4

大人のオタク友達は最＆高

学校や職業ではなく、「好きなもの」から友達になれる喜び

どうしてオタク友達はこんなにも心地いいのか。それは、こんなふうに「好きなもの」でつながれる人間関係が、実生活においては希少だから。

そもそも僕たちは人間関係を形成するうえでいろんな「枠」を与えられてきました。**まず生まれた地域と学年である程度の区切りがあり、クラス分けというランダムガチャによって強制的にコミュニティがつくられるという、冷静に考えるとめちゃくちゃ暴力的なこのシステム。**正直、学生の頃の友人関係って趣味が合うとか合わないというのは一切関係なく、出席番号が近かったからとりあえず仲良くなったみたいな、ものすごく雑なきっかけでできていたりします。

僕は横川ですが、だからと言って吉田くんや山下さんと必ずしも仲良くなりやすいかと言ったらそんなことはあるはずなく。筋トレ大好き体育会系の若林くんや、チャラ男の本村くんと僕が仲良くなれなかったのは、決して僕だけの問題ではなかったのです。むしろ僕のようにコミュニケーションが得意ではないタイプが学生の頃に感じていた、「どうしよう……まったく会話が続かない……」という恐怖や、「周囲から浮き上がらないために世間用の自分をつくろう」という窮屈感は、往々にしてこのコミュニティづくりのランダムガチャに起因していると言っていいでしょう。

もちろん趣味が合う合わないは友達の必須条件ではありませんし、全然好きなものは違うのになぜかやたらと気の合う相手はいるので、このランダムガチャも悪い点ばかりではありません。ですが、あの半強制的なコミュニティ分けから自由になれた瞬間、「大人になってよかった〜」と解放感を覚えた人も少なくないはず。**SNSを通じて趣味の合う友達と出会えたときのあのときめき**。自分の世界が広がっていくような高揚感と、ここでなら本当の自分を出していいんだという安堵感で、ものすごく体が軽くなったのを覚えています。

逆に、現実世界で趣味の話をしても理解してもらえないことの方が多いし、「そんなことにお金使うのもったいなくない？」「将来どうするの？」と言われるのが関の山。こちらもいい加減大人になっているので、わざわざ自分からそんな痛い目に遭いに行く必要もないなと、平時はなるべく一般的な社会人に擬態して生きているわけです。

オタク友達との時間が、だらしない自分を解放させてくれる

人間関係というのは厄介で、社会に出てからもその難しさはつきまといます。そもそも職場にうまく馴染めないという人もいれば、職場でプライベートの自分を出すつもりはないという考えの人もいるでしょう。また、どんなに職場の人間関係が良好でも、同じ組織に属する者として相手の評価と自分の評価を比べてしまったり、ライバル心やコンプレックスを抱いてしまうことも少なくありません。

そんな中で、オタク友達というのは競争意識を持たなくていい数少ない相手。いちいち「コミットメント」とか「プライオリティ」なんて横文字並べて会話をしなくてもいいし、成長しなくちゃって思わなくてもいい。**何かと成長意欲を煽ってくる競争**

社会で、だらしない自分のままでいさせてくれる相手はものすごく貴重な気がします。

KPIとかOKRとかは横に置いておいて、ただ好きなことについてオタク友達と話をする。あの瞬間、生きてるわ〜という感じがします。**レンタルスペースを借りてDVDを鑑賞したり、一緒に舞台を観に行ったり。そうやって気持ちをシェアできる相手がいるだけで、明日からの仕事をもう少しだけがんばれる。オタク友達との次の約束が、長い長いマラソンの給水所になるのです。**

とかく心細い人生で、こんな時間がずっと続いたらいいなと夢を見させてくれるのが、オタク友達の尊さ。

正直、今の僕は将来設計なんてこれっぽっちも見通しがついてはいませんが、できれば老後はオタク友達と過ごしたい。いつか血を分けた家族ができる日が僕にも来るのかもしれません。でも、仮に子どもができたところで、自分の子どもに老後の面倒を見てもらいたいという気持ちは今のところビタイチありませんし、配偶者と2人きりの人生というのも、どちらかが先立ったあとのことを考えるとリスキーではと思う次第。むしろ気の合うオタク友達で一軒家でも借りて、ずっと推しのことについて話し続ける余生を送る方がめちゃくちゃ昂ぶるんですけど、たぶんこれ同じことを思っているオタクの人5000万人くらいいそう。

ほんのひと昔前までは、「そんな妄想、現実逃避でしょ」と一笑に付されていました。けれど、すでに諸先輩方の中には、そうやって血縁に縛られない自分たちなりのコミュニティを築いて、実験的に共同生活を送っているケースも見受けられます。もちろんそこにはいろんなリスクや課題もあって、これが必ずしも僕たちの未来を豊かにする万能薬というわけではありません。けれど、少なくとも「老後の面倒を見るのは家族もしくは福祉サービス」という今の思考停止的な二択の選択肢を広げる、新しい可能性であることは確か。実現可能性はさておいて、そんな未来もあるかもしれないと希望を持てるだけで、未来もそんなに悪くないのではという気持ちにさえなります。

つまり、**オタク友達というのは、これから僕たちの行く手に待ち構えている超高齢化社会をハッピーに生き抜くための防衛手段**でもあるのです。

CHAPTER 4

推しは人生のアルバム

推しとともに年齢を重ねる喜び

オタクをやっていると、友達はもちろん、人生そのものを推しが形作ってくれていることに気づきます。

長年同じ推しを推し続けていると、自分の人生の記録がそのまま推しの経歴とシンクロするようになる。２０１７年春に何をしていたかな〜と思うと、身のまわりの出来事より先に、「そうだ、そのときは推しがあの舞台に出てたんだ」ってなるし、あの頃仕事がしんどくてツラかったな〜とふいに振り返ったとき、セットで思い出されるのは、そんな日々をやり過ごすために夜な夜な観ていた推しの出演ドラマだったりします。

ある意味、自分の日記みたいに推しがいる。これはよくミュージシャンがライブの終わりとかに言う台詞ですが、「これからもみんなと一緒に年を重ねていければ」というやつ。もうオタクからするとめちゃくちゃたまらん。**ほとんどプロポーズと認識しているのですが、その解釈でお間違いないでしょうか。**

推しを前にすると、僕たちはただのひとりの人間になれる

僕はまだまだガチで10年単位で推している推しがいないので、青春時代からずっと同じ推しを推している人を見ると、めちゃくちゃうらやましくなります。

身近な例で言うと、うちの姉。姉は中学生ぐらいの頃からKinKi Kidsを推しています。高校生になってバイトができるようになったぐらいからは、頻繁にコンサートにも行ってるし、家でも暇さえあればKinKi KidsのMVが流れてた。その熱は社会人になってからも、結婚してからも、子どもを持ってからも、傍目で見る限りは衰えることなく、年末のコンサートは毎年のように行ってると思うし、今も「光《こう》ちゃん」「剛《つよし》」と名を呼ぶときの響きには、変わらぬ愛情を感じます。

そんな姉と一度だけ一緒に堂本剛《どうもと》さんのライブに行ったことがありました。京都の平安神宮で毎年開催されてる野外ライブで、その年は一緒に行く相手が行けなくなったのか、詳細はちょっと覚えていませんが、代わりに僕が駆り出されることに。人で溢れた平安神宮の境内。僕たちの席はわりと後ろの方で、ステージは遥か向こうに見える程度。本番が始まってしまえば、前の人の頭でほとんど剛さんの姿も見えないような位置でした。

僕は堂本剛さんのソロ活動については不勉強のため、ほとんど初めて聴く曲ばかりだったのですが、ふと横を見ると、そこにいる姉は、なんだかいつもとは違う人のようでした。わかりやすく黄色い声をあげたりはしない。ただじっと剛さんのいる方向を見つめているだけ。

でもそこにいるのは、僕のよく知るしっかり者の姉でもなければ、誰かの妻でも母でもなく、堂本剛さんのことがずっと好きで応援してきた、ただのひとりの女性で。

もっと言ってしまうと、僕がまだ一緒に生活をしていた頃の、ＶＨＳにドラマを録りだめ、KinKi Kidsフレームのプリクラを撮っては大喜びし、オーザックのＣＭが流れると何かしている手を止めて画面に飛びつく、10代の頃の姉のまんまのように見えました。

そんな姉を見て、むっちゃいいなと思ったのです。**自分の人生の半分以上の時間、ずっと変わらずに好きな人がいること。その人をずっと応援し続けられること。**

年をとればとるほど自由に使える時間は減るし、他にやらなきゃいけないこともいっぱい増える。若い頃よりは、優先順位は下がるかもしれない。だけど、こんなふうにたまに日常をいったん脇に置いてきて、ただ推しのことを好きなひとりの人間になれる。それ以外の肩書きも立場もいらない時間を過ごせる。なんだかそれって、めちゃくちゃかけがえのないことだなと、ライブのこと以上に、姉のことが心に残ったのでした。

ちなみに我が家にはもうひとり姉がいますが、その姉は姉でカラオケに行ったら家族の誰も知らない関ジャニ∞の歌を延々と歌い続ける生粋のエイター（注：関ジャニ∞のファンの名称）なので、僕のこのオタクの血は確実に2人の姉譲り。推しがいるっていいなあと思った原体験は、姉2人にルーツがあるのかもしれません。

僕はまだまだ新参オタクなので、推しているという自覚を持って推しを応援しはじめたのは、最も長推しで6年くらい。青春をがっつり賭けて推してきたと思える推しがいないことが、姉たちを見ているとなんだか人生の欠損のように思えることもあります。

でも、推しに出会うタイミングは人それぞれ。出会ったそのときが、自分にとってのベストタイミングなのです。まだ出会って日がないということは、その分、日記のページもたっぷり残されているということ。いつか推しとともに人生を歩んできたと思えるぐらい、長く長く推しを応援していきたいなと夢見ずにいられません。

CHAPTER 4

推し心のアンチエイジング

オタクとは、自分で自分を楽しませる天才である

どぼんと沼落ちして早6年。なんだかんだ推しができて楽しいなと思うことは多いです。なぜなら、**何か好きなものがあった方がずっと瑞々しい感受性でいられるから。**この人を見ているとドキドキする。この人のことを考えていると、言葉にできない感情が膨れ上がってくる。そういう気持ちを年をとってもずっと持ち続けるのは、とても難しいこと。推しを通じて、それを感じられるのは奇跡みたいなことです。

この間、私が『2gether』というドラマにハマっていることを知っているオタクの編集さんが、主人公2人のオリジナルイラストをプリントしたマグカップをプレゼントしてくれました。

こういう無駄に手のかかったことに情熱を注ぐオタクの精神、めちゃくちゃ好きです。推しの絵を描いたり、小説を書いたり、編みぐるみをつくったり。**あり余る愛情が行き場を失って、創作活動として結実するのとか、本当に最高だと思う。**

なんなら歴史に名を残す芸術家のうちの何人かもそういうただのオタクなんでは？とさえ思う。よくよく考えたら「サロメ」とかの宗教画も、当時の新約聖書オタクたちが「サロメ、尊い……」とか言い募ってるうちに、何かもう実在のサロメを見たくて見たくて仕方なくて、結果、二次創作として出来上がったものなんじゃない……??

ねえ、モロー、本当のとこどうなの？

中には、こういう創作活動を時間の無駄遣いだとバカにする人もいるかもしれないけど、ちょっと歴史を遡ってみてください。かの平安貴族たちも何かあるたびに和歌を詠んでいました。鹿の声を聞きゃ「奥山に紅葉踏み分け鳴く鹿の声聞く時ぞ秋は悲しき」と詠《うた》い、独り寝の寂しさを「嘆きつつひとり寝る夜の明くる間はいかに久しきものとかは知る」と詠む。これだって現代の感覚で言えば、おかしな話です。でも、当時は昂ぶる気持ちを和歌にしたためるのが普通だった。そんな祖先のトンチキっぷりを考えたら、**処理に余る推しへの感情をつい絵にしたり小説にしたり編みぐるみにしたりするオタクの感情も、日本の伝統芸だと胸を張れる気がしてきます。**

学生の頃はよく絵を描いていたけれど、大人になってすっかりペンを握ることさえなくなっていたという人が、推しと出会ったことによって再び創作に目覚めるというのも珍しくはない話。そうやってすっかり手つかずになっていた昔とった杵柄《きねづか》を、もう一度埃を払ってふるい直せるのって、すごくいとおしいことだなと僕は思います。

37歳で初めて知った推しのテーマソングを見つける楽しみ

こうした創作活動はあくまで例のひとつで、特に創作をするタイプではない人も、推しができたことで感受性がかっ開いたというケースはいっぱいあると思います。たとえば、何気なく聴いていたＪ－ＰＯＰが推しができたことによって全然違って聴こえるのも、オタクあるある。

僕の話をすると、BUMP OF CHICKENの『車輪の唄』という曲があります。この曲は僕自身が上京をしたときの思い出もつまった本当に特別な一曲で。歌詞に出てくる主人公と引っ越しをしてしまう相手は、完全に主人公＝男性、相手＝女性だったんですね。そこに他の解釈が入る隙なんざ1ミリもねえ。むしろ男女以外考えたこともなかった。

ところが、ある日、Twitterを眺めていたら「男友達の歌だと思っていた」という趣旨のツイートを見つけまして。いやいやさすがにそれはありえないと。オタクの鍛えられた想像力をフルに駆使しても、あの曲を男友達で成立させるのは無理と思いながら、念のため歌詞をもう1回読み返してみたら、めちゃめちゃいけた。ずっと雲に覆われて見えなかった太陽がいきなりぱーっと顔を出してきた感じ。天岩戸《あまのいわと》の扉が開いたどー！

そして、男友達という文脈で読んでみると、もう一気にOffGunの歌にしか思えなくなった。改札に引っ掛けたカバンの紐を無言でとってって促すくだりは絶対にOffだし、それをやれやれと思いながら外してあげるくだりは何がなんでもGun。何これむっちゃ楽しい。

それからというもの、いろんな曲を聴いては「これは、推しのことを歌っているのでは」と震える日々。『あとひとつ』（FUNKY MONKEY BABYS《ファンキーモンキーベイビーズ》）を聴けば岡田健史さんを思い出しますし、『even if』（平井堅《ひらいけん》）に描かれている不器用な恋とか林遣都さん以外の何物でもねえ。今までとは違うＪ－ＰＯＰの楽しみに、延々YouTubeでなつかしの曲をあさっています。

推しが教えてくれた「いくつになっても人生にはワクワクすることが待っている」

結局、単調としか思っていなかった毎日も、自分の楽しみ方次第でいくらでも楽しめるんですよね。年をとったら感性が古びるなんてよく言うけれど、むしろ今の方が俄然いろんなことに敏感になっている。

そもそも好きすぎて泣きそうなんて感情の発露も、まさか30を半ばにして再び経験できるとは思っていなかったし。新しく友達ができる楽しさも、もう自分の人生にはないものだと決めつけていた。でも、**推しを通じて、どんどん人生が開けていったことで、いくつになっても人生には新しいことやワクワクすることが待っているんだと、純粋に信じられるようになりました。**

年をとっていくこと自体は自然なことだし、あまり否定したり、意味もなく不安がりたくはないけれど、それでも老いとともに自分のものの見方が固まっていくことへの恐怖や、未知の価値観を受け入れられず偏狭になっていくことへの嫌悪は、心のどこかにこびりついていた。肌がどんどん衰えていくことよりも、体力が落ちていくことよりも、思考回路が老害化していくことが何よりも怖かった。そんな自分にとって、推しはいちばんのアンチエイジングになったのです。

できるなら60になっても70になっても推しを追っかけているオタクでいたい。お気に入りの服をまとって現場に向かい、そのたびに「あかん、もう死ぬ」って、そろそろ比喩表現かガチなのかわからないうわ言をつぶやいていたい。そして、推しに対するどでかい感情をこうやって文章にぶち込んでいたい。

そういう自分をイメージしたら、不安でいっぱいの老後もなんだか希望の持てるもののように思えてきます。

CHAPTER 4

なぜ今オタクになりたい人が多いのか

夢中になれるものがある人は、それだけでかっこいい

それにしてもここ最近のオタクブームはすごい。僕なんかがこんな本を出している時点で〝お察し〟なのですが、今、わりと多くの人がオタクという生き方に興味を持っているし、自分もオタクになりたいと思っている。というか、わりと軽率に「××のオタクだから」と名乗り、それを隠そうともしない。隔世の感だ。ほんの少し前までオタクといえば、とてもじゃないけど、陽のあたる道を堂々と歩ける世の中じゃなかったのに。

大げさではなく、オタクというのは、かなり長い間、忌み嫌われる存在だったと思います。諸説ありますが、オタクの名付け親はアイドル評論家として有名な中森明夫《なかもりあきお》

さん。氏が「漫画ブリッコ」で連載された『「おたく」の研究』内で、「おたく」と命名したことが発祥なのだとか。それが世の中全体に非常にネガティブなイメージとして根づいた原因は、1980年代末に発生した東京・埼玉連続幼女誘拐殺人事件。犯人が大量の漫画やアニメビデオを所有していたことからオタクという単語は一気に世間に広まり、凄絶なオタクバッシングが繰り広げられました。

おそらく今でも一定の世代より上はオタクに対して強い拒否感があるし、子どもがオタクに育ったらどうしようという、今聞いたら別にええやんけとしか言いようのない心配のため息も、数年前まではあちこちの親から漏れ聞こえたものでした。

それがどうして今こんなに誰も彼もがオタクを名乗りたがっているのか。なんだったら、オタクを名乗るほどコアな知識も行動力もない、ガチのオタクからすると「ニワカ」と嫌がられそうな人まで「オタクなんで」と自称したりする。**どうしたん？ いつからオタク、そんなオシャレワードになったん。**いつからポール・スミスとかタケオキクチと同じ括りになったん。

そんな、ある種のファッション化さえ感じる「オタク」名乗り。その根底にあるのは、「オタク」的な生き方に対する強い憧憬《しょうけい》です。

オタクたちは、終わらない青春を今日も全力疾走している

前提として、オタクにはめちゃくちゃ好きなものがある。それが2次元であろうが3次元であろうが、とにかく何にもかえがたい、もしかしたら自分以上に大切なものがあります。その「好き」という強いエネルギーが、今、大衆の心をぶっ刺している。

いわゆる「ゆとり教育」の実施は1987年から。その基本法則のひとつに「個性重視の原則」というものがありました。以降、学校教育では「一人ひとりの個性を尊重する」ことが重んじられ、ナンバーワンよりオンリーワン社会へと転化していったのは記憶に新しいところ。

ただ、一人ひとり違う種を持つと言われたところで、今日から俺はオンリーワン！と錦《にしき》の御旗《みはた》を掲げられる人なんて希少で、多くの人は、「じゃあ僕の種って何だろう……」と個性迷子になります。

さらにどこぞのYouTuberのみなさんが「好きなことで、生きていく」なんてガン

ガン煽ってくるから、なおさら好きなものを見つけたくて、でも見つからなくて、息苦しい事態になっています。

そんな現代の悲劇の中で、ただ何も顧みず、好きなものがあって、それに夢中になっている人は、シンプルにすがすがしいし、めちゃくちゃ眩しい。その不純物の一切ないまっすぐさが、今、オタクが求められる理由のひとつではないでしょうか。

さらに、オタクは他人の声に惑わされません。実際にはいろんな偏見と戦っているし、心ない声に傷つけられたりもしているんだけど、だからと言ってそれを理由に自分の好きなものを手放したりなんかしない。その他人に振り回されないたくましさもまた、オタクに憧れが集まる理由のひとつです。

それぐらい、ただ普通に生きているだけで、あれこれイチャモンをつけられるのが今の世の中。なぜこんなにも人の生き方にものを申したい人が多いのだろうと不思議になるぐらい、あっちこっちから矢が飛んできます。

仕事、結婚、出産、育児、介護。どれを選ぶのも、選ばないのも個人の自由のはずなのに、なぜかやたらと人の選択に干渉し、本当にその決断で正しいのか煽ってくる人の多いこと多いこと。そのうるささといったら、全人類が小姑《こじゅうと》に見えるレベル。みんな心に橋田壽賀子《はしだすがこ》さんを飼いすぎてる。母さんにそんなことを言われる道理はないよと、えなりかずきさんも言い返したくなる。

でも、みんな壽賀子じゃないからなかなかそうは言えません。喉元までせり上がった反論の台詞をぐっと胃に押し込めて、つくりたくもない十円ハゲをつくってる。だから、誰に何を言われても自分の生き方を最優先するオタクのたくましさを目の当たりにすると、どうしようもなくうらやましくなる。あんなふうに生きられたら、どんなに楽しいだろうとワクワクする。

結局、今これだけオタクが羨望の視線を集めているのは、裏返すとそれだけ世の中が窮屈な証拠。揺れ惑うことが多いからこそ、揺るぎのないものを手に入れたくて、今、多くの人がオタクになりたがっているのかもしれません。

オタクとは、自分のハートに自分で火をつけられる人

かつてはネガティブの代表だったオタク。確かに根はデリケートだったりマイナス思考の方もいるでしょう。でもそんな自分を受け止めたうえで、自分なりに毎日を楽しく過ごすツボを心得ているオタクは、むしろとんでもなくポジティブ。「いい年して」なんて外野の声は完全にシャットアウトして、いつまでも終わらない青春を全力疾走している姿が、人の心を動かし、感動を呼んでいるのです。

人生100年時代。気が遠くなるくらい長い人生をできるだけエキサイトして生きるには、ちゃんと自分の中に着火材が必要。どんなに湿気《しけ》た日でも、どんなに燻《くすぶ》った夜でも、ちゃんと自分で自分のハートに火をつけてあげられる。それが、今愛されるオタクという生き方なのです。

CHAPTER 4

人類にとって推しとは何か

自分が推しているつもりが、気づいたら推しが自分を推してくれていた

長々と書いてきましたが、いよいよこの本も結びのときが近づいてきました。**改めて、推しができたことで僕は何が変わったんだろうと考えてみると、最終的にいちばんシンプルな言葉でまとめるなら、自分のことをちょっぴり好きになれた、に尽きると思います。**

僕はめちゃくちゃ自己肯定感の低い人間でした。子どものときからずっとそう。いろんなコンプレックスが重なって、自分のことを好きになれないまま大人になり、「自分のことを好きになれない人間は、他人のことも好きになれないよ」なんてわかったようなことを言われるたびに「うるせえバカ」と心の中でドロップキックをかましな

がらも、結局自分が誰ともうまくやれなかったのは自分を好きになれないからなのかな、と図星をつかれた気持ちになって、ひとりでよく泣いていました。

雑誌の見出しに溢れる「自分を好きになろう」という前向きなフレーズ。すがるようにして読んでみると、「人と比べるのはやめる」とか「毎日1回は自分を褒めてあげる」みたいなことばっかり書かれていて、「それができれば苦労はしねえ」とページを引き裂きそうになった。

気づけばまわりはどんどん結婚して家庭を持っていく。あんなに仲の良かった友達も、ひとりまたひとりと席を立つようにしていなくなり、そのたびにどうしてみんなが人並みにできることを僕はできないんだろうと落ち込んだりもした。

孤独だった。でもその孤独は、決して物理的にひとりであることじゃない。自分の内にある孤独を、誰にもシェアできないことが孤独だった。

そんな僕が、ほんのちょびっとだけ自分に対してまだいくらかマシと思えるようになったのは、好きなものを好きと素直に言えるようになったからだと思います。

だから僕は推しが好きだと叫びたい

さんざん書いてきましたが、男性がイケメンを好きということは、今の世の中ではあまり認められていません。僕がそのことに最初に気づいたのは、小学校高学年のとき。ＳＭＡＰの香取慎吾さんのことを好きになって、今で言う「推し」に近い感情を香取さんに寄せるようになりました。けれど、そうやって男性アイドルに熱をあげる僕に、当時同級生から向けられた言葉は「ホモ」「オカマ」「キモい」。

中学生になると、第二次性徴期だからかもしれません、あんなに仲良かったはずの女子たちも僕が男性であることで線を引き、昔のようにフランクに話をしてくれなくなりました。

男の子といても、女の子といても、「異物」扱い。だけど、「異物」として生きていこうと開き直れるほど、中学生の僕は強くなかったし、世界は広くはなかった。この教室で生き残っていけるように、いじめられっ子認定されないように、僕はイケメンが好きということを言わないようになりました。自分の好きをひた隠しにして、世の中の普通に擬態するようになりました。

ライターの仕事を始めてからも、最初のうちは今のようにはっきりとイケメンが好きということはオープンにしていませんでした。

というか、僕のようなライターは芸能人と直接話す機会も多い分、ファンから見ると嫉妬の対象になりやすく、推しを公言することはタブーという不文律がなんとなくあります。それはすごくわかるし、何より僕自身がイケメン好きであることを公言することに抵抗があったから、誰に言われずとも意図的にビジネスライクに原稿を書き続けていました。

それが、ある舞台を観たとき、その舞台があまりにもおもしろくて。ついその熱に浮かされたままオタク濃度の濃い記事をあげてしまいました。こうやってたまに前後を見失ってしまうのがオタクの悪いクセ。そしてふと冷静になって思い返す。「やばくない？　あの原稿」、と。どこの馬の骨ともわからないおっさんがただイケメンをかわいいかわいいと言い募ってるのを読んで誰得という話。考えれば考えるほど甦ってくるのは、あのとき、教室のどこかから聞こえてきた「キモい」という嘲《あざけ》り。これは大量の矢が降ってくるぞと。もう弁慶になったつもりで全身矢がぶっ刺さるのを覚悟して、そっとSNSを開きました。

ところが、さあ来いとばかりに両手を広げているのに、待てど暮らせどどっからも矢が降ってこない。これには弁慶も拍子抜け。そこで弁慶、恐る恐る検索をかけてみると、そこに広がっていたのは、いろんな人が「最高」「言葉のセンスがすごい」と僕の記事をおもしろがってくれている光景でした。

あのときの衝撃は今でも忘れられません。ずっと僕は人から何かを言われることが怖くて、薙刀《なぎなた》を握りしめて身を守ってきたけれど、よく見たら全員が全員敵というわけじゃなくて。**ちゃんとそこには自分と同じように好きという気持ちを大切にしている人がいた。受け入れてくれる人たちがいた。**

あのとき初めて、なるべく叩かれないように、誰かを不快にさせないように、と閉じ込めていた自分のイケメンを好きになる感性を認めてもらえた気がしました。

自分なんかが誰かを「好き」と思うこと自体迷惑だと、人の目ばかり気にしていた自分に、もっと好きという気持ちをストレートに出していいんだよと背中を叩いてもらえた。ずっと喉の奥の方に押し込んでいた分厚い蓋を外して、「イケメンが好きだ」と大きな声で思い切り叫ぶことができるようになりました。

自分を愛する分もすべて推しを愛そう

自分を好きになる方法なんて、今もってわかっていません。というか、自分のことを好きになれることなんてたぶん一生ない気がするし、今はもう無理をして自分を好きになろうとがんばる必要もない気がしています。

たぶん人間には愛情の総量というのがあって、それをどう分配するかはその人次第。たとえば総量が100としたら、自分に50、パートナーに50という人もいるだろうし、自分に30、家族に70という人もいると思う。そこに正解はなくて、その配分自体がその人らしさというもの。

そして、僕で言うならば、本来自分に分配するべき愛情がまるで自分に向かず、あり余った愛情がすべて推しに注がれているだけ。そう考えたら、すっと腹に落ちたし、自分を愛せないことは決して欠陥ではないんだと思えるようになりました。

一人ひとりが輝く時代へ、なんて言われたって自分でどう輝いていいかなんてわからない。だけど、キラキラと輝く推しを見て、その眩しさを身体いっぱいに浴びることで、ほんの少しは自分も光を反射することができる。

自分で自分を輝かせることのできない月のような自分にとって、推しは「太陽」。自分のためにはがんばれないけど、推しのためなら全力を尽くせる。そういう生き方もあっていいんじゃないかと、今はそう思っています。

繰り返しますが、推しのために尽くしたって何も見返りはありません。お金も減るし、時間も奪われる。それを見て、生産性がないという人もいるのかもしれない。何年かしたときに、自分もバカな時間を過ごしたと後悔するのかもしれない。だけど、**今までずっとそうやって社会が指し示す正しそうなものばかりを追いかけて、何ひとつ自分の手に残るものなんてなかったから、今はそういう誰かが決めた規範や模範よりも、自分がおもしろそうと反応するそのアンテナを信じて生きてみたい。**

それに、もしこれがかりそめの現実逃避であったとしても、どこにも行けずにうずくまっているよりはずっといい。そう信じて、似合わない革靴から軽めのコンバースに履き替えて、しばらくは推しを追いかけて、全力でダッシュし続けてみようと思います。

この道がどこへ続いているのかはわからないけれど、そうやってでたらめに走り続けていくうちに、思ってもみなかった場所へ辿り着けるかもしれないから。少なくとも僕は好きという気持ちを発信し続けることで、いろんな新しい景色が見られた。やりたいと思っていた夢が叶った。

見返りとか、生産性とか、それだけではまとめきれない奇跡みたいなことが、人生にはあって。そうやって、ちょっとずつ自分のことを認めてあげられたらいいな、と思います。

オタクの数だけ、推しとは何かの答えがある

長々と推しについて考えてきましたが、結局推しというのは何なんでしょうね。そ

んなの、正直、定義づける必要なんてないと思います。

誰かにとっては「恋人」なのかもしれないし、「息子」なのかもしれないし、この本の中で書いてきたように、「生きる理由」になることも「日々の予定」になることもあれば、「神様」にも「太陽」にもなり得る。オタクの数だけ、推しとは何かの答えがある。それでじゅうぶんです。

でももしその前提で、最後に推しとは何かと聞かれたら、僕はこう答えます。推しとは、「お守り」。

きっとこれからも日常は煩雑《はんざつ》なことがいっぱいで、うまくいかないことや心の折れそうなことがたくさん待ち構えているんだと思います。そのたびにすっ転んだり、落っこちたり、さんざん痛い目を見て泣きわめく夜もあるだろうけど、胸ポケットに推しというお守りがいる。それだけで、ひとまず涙を止めるきっかけになる。立ち上がれそうにないどん底で上を向く希望になる。立ち向かうのは自分自身だけど、臆病で小心者の自分を奮い立たせる一粒の勇気になる。

自分が推しているつもりが、気づいたら自分を推してくれている。それが、推しな

んじゃないかと思います。

人生は長く険しいけれど、そんなお守りがひとつあれば、なんとか生きていける気がします。

それでは、これにて幕とさせてください。どうか今日もみなさんと、みなさんの推しが幸せいっぱいでありますように。

横川良明（よこがわ・よしあき）

1983年生まれ。大阪府出身。2011年、ライターとして活動開始。2018年、テレビドラマ『おっさんずラブ』に夢中になり、あり余る熱情と愛を言葉に変えて書いた「note」が話題を呼び、そこからテレビドラマから映画、演劇までエンタメに関するインタビュー、コラムで引っ張りだこのライターとなる。男性俳優インタビュー集『役者たちの現在地』が発売中。

ブックデザイン　井上新八
カバーイラスト　いらすとや
校閲　鷗来堂
本文DTP　天龍社
編集　池田るり子（サンマーク出版）

人類にとって「推し」とは何なのか、
イケメン俳優オタクの僕が本気出して考えてみた

2021年1月15日　初版発行
2023年3月 5 日　第4刷発行

著者　横川良明
発行人　植木宣隆
発行所　株式会社サンマーク出版
〒169-0075　東京都新宿区高田馬場2-16-11
電話　03-5272-3166（代表）

印刷　株式会社暁印刷

製本　株式会社村上製本所

ISBN978-4-7631-3872-9 C0030
ホームページ　https://www.sunmark.co.jp